Manual do Tarô de Thoth

Um guia para o oráculo criado por Aleister Crowley

JOHANN HEYSS

MANUAL DO TARÔ DE THOTH

Um guia para o oráculo criado por Aleister Crowley

ALFABETO

Publicado no Brasil pela Editora Alfabeto, 2025.

Direção Editorial: Edmilson Duran
Produção Editorial: Rackel Accetti
Revisão: Marcela Morais
Capa: Paulo Rodrigues
Diagramação: Décio Lopes
Ilustrações: KaAria Mystic

DADOS INTERNACIONAIS DE CATALOGAÇÃO NA PUBLICAÇÃO (CIP)

Heyss, Johann

Manual do Tarô de Thoth: Um guia para o oráculo criado por Aleister Crowley / Johann Heyss – 1ª edição – São Paulo: Editora Alfabeto, 2025.

ISBN: 978-65-5149-003-3

1. Tarô 2. Ocultismo 3. Esoterismo I. Título

ALFABETO
www.editoraalfabeto.com.br

EDITORA ALFABETO
Rua Ângela Tomé, 109 - Rudge Ramos | CEP: 09624-070
São Bernardo do Campo/SP | Tel: (11)2351.4168
editorial@editoraalfabeto.com.br

À memória de
Euclydes Lacerda de Almeida

Sumário

Introdução

Tarô de Thoth é o nome do baralho criado por Aleister Crowley e Frieda Harris que toma por base *O livro de Thoth*, originalmente publicado em 21 de março de 1944, em edição independente limitada em 200 cópias encadernadas em couro marroquino[1]. Apesar de ser um dos baralhos de tarô mais famosos e populares do mundo, o simbolismo de seus arcanos nem sempre é interpretado da maneira mais adequada.

Há várias diferenças entre o Tarô de Thoth e os demais baralhos que o antecederam. Além do olhar diferente que dedicou ao tarô e à espiritualidade como um todo, Crowley alterou e agregou conceitos ao baralho tradicional de tarô — um estudo mais cuidadoso deixa claro que não são de fato mudanças, mas sim restituições e ajustes de verdades iniciáticas que, por sua vez, podem ser vislumbradas em termos racionais, mas somente podem ser compreendidas por quem as vivenciou.

O Tarô de Thoth recicla algumas características do baralho da Golden Dawn, ordem iniciática de papel fundamental na carreira mágica de Crowley. Mas, se o baralho da Golden Dawn ainda carrega conceitos ultrapassados da antiga era — a Era de Osíris (Velho Éon) —, o Tarô de Thoth é ao mesmo tempo atemporal e situado no futuro, o futuro que é nosso presente e que ainda será nosso futuro enquanto espécie por um determinado tempo, até que se encerre o Éon.

O livro e o baralho estão entre os últimos trabalhos de um Aleister Crowley já idoso e com seu sistema filosófico e iniciático – Thelema – (in) devidamente estabelecido. Para usar esse baralho de tarô, é preciso não apenas conhecimento vindo de estudo, como também entendimento vindo

1. Sutin, Lawrence. *Do What Thou Wilt*. St. Martin's Griffin, 2000, p. 400-401.

da prática e, sobretudo, sintonia com o que Thelema representa. Não é que você precise ser thelemita e se considerar thelemita para usar o Tarô de Thoth. Seria uma irônica contradição condicionar ou restringir o uso do baralho criado por Crowley e Harris, já que é estruturado conforme princípios thelêmicos, dentre os quais estão o estímulo à liberdade e a problematização da restrição. Mas, para o bem e para o mal, o Tarô de Thoth funciona e se comunica a partir de um pressuposto específico: a Lei de Thelema, sobre a qual falaremos mais adiante.

Em 1969, quando John Lennon mandou incluir Aleister Crowley na galeria de celebridades da capa do histórico disco *Sgt. Pepper Lonely Heart's Club Band* (no canto superior à esquerda), é como se tivesse sido aberto um portal: Crowley passou a despertar o interesse não só do público ligado à contracultura, mas também do público em geral. No mesmo ano, a Weiser Books publicou *The Book of Thoth* pela primeira vez para o grande público — a primeira edição, de março de 1944, tinha somente 200 cópias. As pinturas originais em aquarela, que na época foram expostas em uma galeria de arte, hoje pertencem ao Warburg Institute, de Londres, onde passaram por cautelosa restauração.

Os autores não viveram para ver sua obra publicada em forma de baralho, o que só aconteceria pela primeira vez em 1995, com grande sucesso de vendas. A rica simbologia das imagens cunhadas por Crowley é valorizada pelas hipnóticas e invulgares pinturas de Frieda Harris, cujo estilo indica influências do surrealismo. Há uma qualidade atemporal nas formas, sobretudo contextualizando que foram produzidas na primeira metade do século 20.

Crowley resgatou conhecimentos pagãos e de diversos sistemas religiosos ou espirituais à luz da ciência (o que não significa que isso foi feito conforme o método cartesiano), revirando o vácuo de informação espiritual gerado nas sociedades a partir da ascensão das principais religiões do velho tempo (judaísmo, cristianismo, islamismo e budismo) e suas ramificações. A tecnologia também tem papel importante no trabalho de Crowley — é impossível negar a mudança de paradigmas na comunicação e na informação desde a revolução industrial, o que causou transformações cada vez mais rápidas nas relações humanas.

Além disso, os antigos grimórios ensinam a concentração focada em uma coisa por vez, mas a verdade é que nossa forma de usar o cérebro está se bifurcando: quem hoje em dia faz apenas *uma* coisa de cada vez? Deveríamos recuperar essa capacidade? Do ponto de vista da prática de magia, sim. Não é possível praticar magia sem poder de concentração.

Gerd Ziegler diz que as imagens do tarô representam "condições espirituais"[2]. É uma boa definição. O tarô não apresenta fatos, mas sim condições que levam a diferentes fatos que são, por sua vez, resultado do encontro entre o indivíduo, seu ambiente e suas circunstâncias. O objetivo da leitura de tarô é mostrar como conduzir e canalizar essas condições espirituais – e dominá-las é o objetivo de quem pratica magia.

Meu primeiro contato com o Tarô de Thoth foi no começo dos anos 1990, quando uma aluna de numerologia me presenteou com uma edição francesa do baralho que uso até hoje. Achei as imagens deslumbrantes, foi amor à primeira vista. Passei a usar o baralho de modo eventual, apenas para mim mesmo, a título de experiência. Mal sabia então que esse baralho viria a catapultar uma mudança profunda em minha percepção do esoterismo e da espiritualidade.

O Tarô de Thoth mescla símbolos de diversas culturas de uma forma homogênea que atinge o inconsciente coletivo e serve para estudantes dos arcanos a partir do final do século 20. Este é o tarô de um novo tempo. Este é o tarô de Thelema.

Antes do movimento *flower power* dos anos 1960 (que resgatou o uso de substâncias psicoativas com objetivos espirituais, como no caso dos rituais de ayahuasca e peiote), o Tarô de Thoth já trazia imagens psicodélicas que ficaram tão populares nas gerações pós-guerra. Antes de o feminismo começar a demonstrar força enquanto movimento, Thelema já colocava a mulher em posição de poder (vide Arcano XI, Lascívia, e toda a estrutura rearranjada dos Arcanos Menores). Antes da miscigenação cultural que eclodiu no século 20 e segue se expandindo no século 21, esse baralho já misturava símbolos de diferentes culturas e correlacionava arcanos, astros e cores em uma grande teia de significados que une técnicas diferentes e as contextualiza em sincretismo.

---

2. Ziegler, Gerd. *Tarô, Espelho da Alma*. Jorge Zahar, 1996.

Thelema significa "vontade" em grego *koiné* (modalidade mais popular da língua grega). Há três axiomas que sintetizam essa corrente filosófica e espiritual, a corrente thelêmica, no sentido tanto esotérico quanto exotérico (para quem souber ler). São eles:

> Faze o que tu queres há de ser tudo da Lei.
> Amor é a lei, amor sob vontade.
> Todo homem e toda mulher é uma estrela.

Não seria exagero dizer que o Tarô de Thoth é o tarô oficial da Nova Era, já que seu idealizador, Crowley, se declarou ao Novo Éon (ou Nova Era) em 1904, ao receber o revolucionário *Livro da Lei* (*Liber AL vel Legis*), o livro sagrado que comunica o estatuto da Nova Era. Crowley foi o primeiro dos magos, escritores e artistas a romper oficialmente com os antigos ritos e com a moral vitoriana. O pensamento católico/cristão — ou cristista, como o chamam os thelemitas — adentrou todas as tradições mágicas em um sincretismo produzido em nome do "acordo" e da "harmonia", mas que é, na verdade, uma forma de domínio de uma filosofia/cultura sobre outra, ao contrário da abordagem praticada nas associações apresentadas por Crowley em *777 & Other Qabalistic Writings*, que buscam pontos de conexão entre diferentes culturas em movimento horizontal, sem valorizar uma acima de outra.

Por falar em cabala, é importante enfatizar que é na cabala hermética que a filosofia de Thelema e a prática de magia se estruturam. Ter conhecimento histórico de quem foi Crowley também ajuda — não para mistificá-lo como um guru que ele jamais se propôs a ser, tampouco para seguir seu exemplo, muito pelo contrário; mas sim para entender o contexto histórico em que se deram suas pesquisas e experiências.

Crowley era de um tempo em que havia entre os ocultistas uma espécie de consenso segundo o qual o tarô teria origem egípcia, e muitos defendiam a tese de que o oráculo teria sido projetado conforme a cabala. No entanto, estamos na terceira década do século 21 e está comprovado que o tarô não se originou no Egito Antigo, mas sim na Europa medieval, e que tampouco foi projetado especificamente para se encaixar na Árvore da Vida cabalística.

Crowley sempre buscou sintonizar a magia com os fatos científicos conhecidos em sua época, e, em seu próprio *Livro de Thoth*, deixa claro que não havia até o momento provas definitivas sobre a origem do oráculo, ainda que ele adote firmemente a tese em voga na época da egiptomania vitoriana. Seja como for, nada disso afeta o significado e o sentido do Tarô de Thoth. O que importa é que esse oráculo está ajustado ao pensamento e à moral thelêmica.

Apesar de Crowley acreditar que estava resgatando as correlações ocultas entre o tarô e a cabala, aparentemente ele as estava desvelando. Este é um tarô ressignificado conforme a ética e a estética thelêmicas. No Tarô de Thoth não há rei, porém há rainhas. Os cavaleiros ocupam o lugar que tradicionalmente cabe aos reis. Justiça é Ajustamento. Força é Lascívia, Luxúria, Tesão. Julgamento é troca de éon.

De acordo com *Liber AL*, capítulo 1, versículo 57: "Todas estas velhas letras de Livro estão certas: mas צ não é a Estrela. Também isto é secreto: meu profeta o revelará aos sábios". No novo comentário de Crowley para esse versículo, ele observa: "Não vejo mal em revelar o mistério de Tzaddi para 'os sábios'; outros dificilmente entenderão minha explicação. Tzaddi é a letra do Imperador, Trunfo IV, e He é a Estrela, ou seja, o Arcano XVII. Aquário e Áries são, portanto, trocados, volvendo sobre o *pivot* de Peixes, assim como fazem os Trunfos VIII e XI, Leão e Libra, em relação a Virgem. A última revelação torna nossas atribuições do Tarô sublimemente, perfeitamente, impecavelmente simétricas. Esses fatos são a mais convincente prova da sabedoria super-humana do autor deste livro àqueles que trabalharam por anos em vão para elucidar os problemas do Tarô".[3]

A natureza anda em ciclos. Logo, assim como a função do Velho Éon — ou o Éon de Osíris — era dar fim ao Antigo Éon — o Éon de Ísis —, é também a função do Novo Éon – o Éon de Hórus – dar fim ao Éon de Osíris. Observe que diferentes éons podem coexistir.

---

3. Crowley, Aleister. *O livro da Lei comentado por Aleister Crowley*. Editora Via Sestra, 2024, p. 84-85.

Nos tempos atuais (escrevo em 2024) há sociedades supostamente avançadas que já vivenciam influxos da Era de Hórus, enquanto há países e regiões que ainda se encontram em pleno Éon de Ísis — os chamados povos não contatados. Já se fala em multiverso. É esse mundo vertiginoso de verdades atemporais que o Tarô de Thoth reflete em seus arcanos, colaborando para o autoconhecimento e para o desenvolvimento do diálogo interno no sentido da autoanálise incisiva e ao mesmo tempo empática.

Espero com este livro contribuir para o estudo e a prática desse oráculo tão adequado para qualquer pessoa que esteja vivendo esses tempos tão interessantes e surpreendentes, seja a pessoa thelemita ou não. O Novo Éon existe por si só, indiferente a qualquer desejo ou expectativa individual. Os paradigmas já mudaram.

Vamos juntos pelos próximos capítulos nessa viagem ao interior do universo que existe dentro de cada ser humano, ou seja, dentro de cada estrela.

PARTE I

Sobre Aleister Crowley, Thelema e Magia

Quem foi Aleister Crowley

Edward Alexander Crowley nasceu em 12.08.1875 e faleceu em 01.12.1947. Aleister Crowley, Frater Perdurabo, Besta 666, Aleister McGregor, Master Therion — muitas foram as personalidades paralelas e os motes iniciáticos, assim como várias foram suas atividades: mago, escritor, poeta, montanhista, pintor, jornalista, enxadrista. Escreveu sobre tarô, cabala, magia, astrologia, simbolismo, mitologia, além de poemas, contos e novelas. Estudou literatura, grego, hebraico e latim. Ferrenho opositor ao cristianismo e a toda religião ou movimento político de orientação moralista, Crowley nasceu em uma família de fanáticos cristãos, os Irmãos de Plymouth. Quando criança, ao aprontar alguma peraltice a mãe sempre dizia que ele era "a besta 666" encarnada. Ao que parece, Crowley introjetou as palavras maternas, pois passou a repeti-las ao longo da vida em exemplo prático de programação neurolinguística bem-sucedida.

A vida do pequeno Edward não era muito fácil, mas piorou quando o pai morreu. O garoto nutria mais afeto por ele do que pela mãe, com quem as brigas eram frequentes. Após a morte do pai, ele foi entregue à guarda do tio. Crowley se referiria a esse período como "a infância no inferno". Viveu sob pressão até que foi estudar em Cambridge. Vendo-se por fim livre das amarras familiares, desabrochou seu espírito iconoclasta e sexualmente irrestrito. Como era de se esperar, Crowley causou perplexidade na sociedade britânica vitoriana.

Nessa época, em meio a variados estudos que se remetiam a tempos antigos e mistérios filosóficos, começou a ler sobre magia. Entrou em contato com a ordem iniciática Golden Dawn, onde ascendeu por graus hierárquicos com tanta rapidez que acabou despertando competições, gerando antipatia e efetivamente provocando um racha na organização. O líder da Golden Dawn, McGregor Mathers, insistia em conceder a iniciação a Crowley, que era malvisto pela maior parte dos membros, que se rebelaram. Consta que William Yeats, um dos fráteres, teria justificado sua desaprovação a Crowley dizendo: "Uma ordem iniciática não é um reformatório para lunáticos". Crowley, por sua vez, não apenas não se importava com o desconforto que causava nas pessoas, como também chegava mesmo a acentuá-lo e provocá-lo.

Acima de tudo, Crowley foi um artista. Sua vida foi uma obra de arte. Sua ambição espiritual implicava a consecução da Grande Obra por meio de alguma modalidade da Grande Arte, resultando em autodepuração e transformação em seu sentido mais amplo.

No entanto, ocultistas tradicionalistas, religiosos ortodoxos, conservadores empedernidos e desinformados de todo tipo ainda hoje afirmam, sem provas, que Crowley teria sido um "mago negro" (seja lá o que isso quer dizer em pleno século 21), um homem depravado e cínico cujo legado mágico constituiria algo bastante perigoso.

No imaginário do público brasileiro, essas ideias são corroboradas desde os anos 1980 por declarações do escritor Paulo Coelho, que costuma se referir ao período em que se dedicou aos estudos da Argenteum Astrum (ordem iniciática fundada por Crowley) como a fase em que teria se ligado à "magia negra" — ao lado do cantor Raul Seixas, um dos principais divulgadores da filosofia thelêmica no Brasil. Ao contrário do antigo parceiro musical, Seixas manteve-se fiel a Thelema até o fim de sua vida.

Este que vos escreve pode tecer alguns breves comentários sobre Paulo Coelho. Sou um irmão da Argenteum Astrum; meu instrutor era o já falecido Euclydes Lacerda de Almeida, cujo instrutor era Marcelo Ramos Motta, que, por sua vez, tivera como instrutor o alemão Karl

Germer, que se tornou O.H.O.[4] da Santa Ordem após o falecimento de seu próprio instrutor, o O.H.O. anterior: ninguém menos do que Master Therion (Aleister Crowley). Muito tempo antes de ser meu instrutor, Euclydes foi instrutor de Paulo Coelho. O escritor e letrista se envolveu com a ordem junto com Raul Seixas (cujo instrutor era Marcelo Motta) e passou a divulgar em shows e entrevistas *Liber OZ*, uma declaração oficial dos direitos e deveres do ser humano conforme os princípios thelêmicos, reproduzida a seguir integralmente em tradução deste autor.

Liber LXXVII

Z :

"A lei do forte:
esta é a nossa lei e a alegria do mundo."
- AL. II. 21

"Faze o que tu queres, há de ser tudo da Lei." — AL. I. 40

"Tu não tens direito a não ser fazer a tua vontade. Faça-a, e nenhum outro dirá não." — AL. I. 42-3

"Todo homem e toda mulher é uma estrela." — AL. I. 3

Não há Deus senão o Ser Humano.

1. O Ser Humano tem o direito de viver por sua própria lei:
   de viver do jeito que tiver vontade:
   de trabalhar como tiver vontade:
   de brincar como tiver vontade:
   de descansar como tiver vontade:
   de morrer quando e como tiver vontade.

2. O Ser Humano tem o direito de comer o que tiver vontade:
   de beber o que tiver vontade:
   de habitar onde tiver vontade:
   de se mover como tiver vontade na face da Terra.

---

4. *Outer Head of the Order* (Chefe Externo da Ordem).

3. O Ser Humano tem o direito de pensar o que tiver vontade:
   de falar o que tiver vontade:
   de escrever como tiver vontade:
   de desenhar, pintar, esculpir, gravar, moldar, construir como tiver vontade:
   de se vestir como tiver vontade.
4. O Ser Humano tem o direito de amar como tiver vontade:
   "tomai vosso quinhão e vossa vontade de amor como quiseres, quando, onde e com quem quiseres." - AL. I. 51
5. O Ser Humano tem o direito de matar quem contrariar esses direitos.

"Os escravos servirão." — AL. II. 58

"Amor é a lei, amor sob vontade." — AL. I. 57

Tradução: Johann Heyss

Liber OZ tem muito em comum com a Declaração de Direitos Humanos, ainda que determinadas partes sejam consideradas chocantes. Qualquer escritura sagrada ou texto santo de qualquer religião tem passagens chocantes e violentas e, ainda que seja discutível se Thelema seria de fato uma religião (só discutir o que é exatamente religião já seria uma longa conversa até alcançar um consenso), Thelema sem dúvida alguma lida com o conceito de "Deus" (ainda que seja desconstruindo a percepção antiga) e a evolução espiritual é seu principal objetivo. Livros sagrados do cristianismo e do hinduísmo, por exemplo, são repletos de situações consideradas abomináveis por qualquer cidadão comum. Na Bíblia, em "Números 15:32-36", Deus, através de Moisés, ordena que um homem seja apedrejado até a morte apenas porque ele estava pegando lenha no sábado. No *Bhagavad-gita*, Krishna manda Arjuna guerrear no Campo de Kurukshetra contra seus próprios familiares. Problematizar passagens controversas apenas de *Liber AL vel Legis* não faz sentido, considerando-se que outros textos considerados sagrados recebem o beneplácito da tolerância religiosa e da interpretação de mensagens oblíquas, que não devem ser tomadas de forma literal.

Mas voltemos a Paulo Coelho. O escritor costuma se referir à época (um período curto, na verdade) em que se envolveu com Thelema como uma fase turbulenta, trevosa, pesada e aziaga. Ele chama Thelema de "magia negra"[5]. Tive a oportunidade de ler algumas dessas cartas pessoalmente; foram-me mostradas por Euclydes. Me chamou a atenção a disposição eufórica de Paulo Coelho em se mostrar pronto para divulgar Thelema com o objetivo de converter as pessoas, bem como sua propensão à submissão, aspectos que sempre me pareceram pouco compatíveis com o pensamento thelêmico.[6]

Em entrevistas e em sua biografia, escrita por Fernando Moraes, Coelho generaliza e confunde O.T.O.[7] com A.A.[8], ordens thelêmicas distintas, sendo a primeira iniciática externa e a última iniciática interna. De acordo com Coelho, quatro dias após ser aceito como probacionista na O.T.O. (o que é impossível, já que esse grau não existe nessa ordem, e sim na Argenteum Astrum), ele teria tido um encontro com "o Demônio" em seu apartamento, poucos dias antes de ser preso pela infame Ditadura Militar de triste lembrança que comandou o Brasil entre 1964 e 1985.

Qualquer brasileiro minimamente informado sobre a história recente do próprio país sabe muito bem que não era preciso mexer com "magia negra" para ser perseguido pelos militares durante a ditadura. Não consta que Caetano Veloso, Ferreira Gullar ou qualquer outra vítima do regime militar tenha jamais tido qualquer envolvimento com ocultismo, menos ainda material relacionado a Thelema. Os militares brasileiros nem sabiam quem era Aleister Crowley, mas aquele papo de "faze o que tu queres" não lhes agradava nem um pouco.

---

5. *A redenção do mago e ocultista Aleister Crowley*, de Silvio Essinger, em O Globo, 4 de janeiro de 2012. Disponível em: https://oglobo.globo.com/cultura/a-redencao-do-mago-ocultista-aleister-crowley-3559361.

6. Disponível em: https://euclydeslacerda.org/rumoacidade.html.

7. Ordo Templi Orientis.

8. Argenteum Astrum.

Não sei se Coelho alega que foi preso e torturado pela ditadura como consequência de seu envolvimento com Thelema por de fato acreditar nisso ou se está sendo desonesto, mas creio que o escritor seja arguto o bastante para compreender que é difícil acreditar, mesmo com muito esforço, que ele teria sido preso por causa de suas aventuras ocultistas no lado "negro" da força, e não pelo potencial libertário das palavras de *Liber OZ* que ele vinha defendendo abertamente. Para a ditadura militar, liberdade era coisa de "comunista" ou de pervertidos.

Mas Crowley não influenciou apenas Raul Seixas, que, na canção *Sociedade Alternativa* dele e de Paulo Coelho, canta "Faze o que tu queres, pois é tudo da Lei", e brada "o número 666 chama-se Aleister Crowley". Podemos dizer que Crowley teve um comportamento de *rock star* rebelde em plena Inglaterra vitoriana, de modo que não é surpreendente o interesse do mundo do rock/pop por ele. Para citar alguns exemplos de roqueiros influenciados por Crowley[9]:

- Ozzy Osbourne — compôs com Randy Rhoads e Bob Daisley a canção *Mr. Crowley*, que, ao contrário do que muitos metaleiros brasileiros que não entendem a letra possam imaginar, não tece loas ao ocultista britânico. Pelo contrário, é uma crítica ácida a Crowley inspirada pela leitura de *Diário de um drogado*[10]. Ozzy Osbourne era, sem dúvida nenhuma, um grande artista, excelente cantor e personalidade fundamental na cultura popular do século 20. Mas também era uma figura bizarra, cuja fama de desavisado comedor de morcegos não combina muito com o lirismo e a profundidade dos escritos do mago; e, se Osbourne só leu *Diário de um drogado* (como parece ser o caso), nem de longe teria condições de avaliar a obra de Crowley para emitir uma opinião relevante;

9. Para uma abordagem mais profunda especificamente para a influência de Crowley sobre David Bowie e Bruce Dickinson, recomendo a leitura de *Aleister Crowley na indústria cultural — estudos intermidiáticos*, de Vitor Cei, Camilla Nogueira de Vasconcelos e Luana Gabriela Paslawski, publicado pela EDUFES.

10. *Diary of a Drug Fiend.*

- John Lennon — Crowley é uma das celebridades retratadas na capa do histórico álbum *Sgt. Peppers Lonely Hearts Club Band*, dos Beatles, por indicação de John Lennon, que era fã do *Book of Lies* (*Livro das mentiras*);
- Jimmy Page, do Led Zeppelin — tamanha era a fixação de Page em tudo relacionado a Crowley que ele viria a comprar, na década de 1970, a Boleskine House, às margens do Lago Ness, na Escócia. O imóvel foi utilizado por Crowley para trabalhos ritualísticos;
- David Bowie — a canção *Quicksand*[11], do álbum *Hunky Dory*[12], começa com os versos "Estou mais perto da Golden Dawn/Imerso no uniforme imagético de Crowley"[13];
- Coil — o projeto de música eletrônica britânico Coil tinha em Crowley uma de suas principais influências estéticas e conceituais;
- Genesis P-Orridge — elemento central das bandas de rock industrial eletrônico Throbbing Gristle (na canção *United*, ouvimos "*love is the law*", metade do aforisma thelêmico "*love is the law, love under will*") e Psychic TV, foi uma personalidade ímpar que se transformou em múltiplas, escreveu sobre e realizou diversas práticas mágicas e abordava o ocultismo de um ponto de vista nitidamente calcado nas ideias associadas ao Novo Éon;
- Bruce Dickinson, do Iron Maiden — além de compor títulos como *The Number of the Beast* e *Moonchild*, Dickinson fez o roteiro do filme *Chemical Wedding*, no qual um acadêmico acaba sendo possuído pelo espírito de Crowley;
- Daryl Hall — famoso pelas canções românticas e alegres da dupla que formava com o parceiro John Oates, Hall reflete seu interesse pessoal pelo ocultismo no disco solo de 1980, *Sacred Songs*, desde a capa, em que posa apontando dois dedos da mão

---

11. "Areia movediça."
12. "Tudo bem" ou "tudo legal".
13. "*I'm closer to the Golden Dawn/Immersed in Crowley's uniform/Of imagery.*"

direita para o alto, fazendo referência ao arcano V, O Hierofante, até a canção *Without Tears*, declaradamente inspirada no livro *Magick Without Tears*;

- Ministry — essa longeva banda estadunidense de metal industrial eletrônico demonstra a influência de Crowley na faixa *Golden Dawn*, do disco *The Land of Rape and Honey*, de 1988, que faz referência no título à ordem iniciática em que Crowley iniciou sua jornada, e ainda inclui uma gravação do mago britânico entoando o *Call of the Second Aethyr*[14]; e no álbum *Psalm 69: The Way to Succeed and the Way to Suck Eggs*, cujo título é o mesmo do capítulo 69 do *Livro das mentiras*;
- Marilyn Manson — o primeiro álbum do polêmico artista, *Portrait of an American Family*, de 1994, traz a canção *Misery Machine*, cuja letra diz "Vamos viajar para a abadia de Thelema/Para a abadia de Thelema/Sangue é pavimento"[15];
- Killing Joke — em seu disco *What's THIS For...!*, de 1981, a banda pós-punk britânica incluiu a canção *The Fall of Because*, que mostra em seu título um dos temas centrais do *Livro da Lei*: a questão do porquê, demasiado complexa para formular em palavras, se é que isso é possível;
- Current 93 — banda de música experimental britânica voltada para temas relacionados ao ocultismo, sobretudo Thelema, conforme indica o nome escolhido pelos músicos para o projeto.

Controvérsias à parte, desde seu lançamento para o grande público, o Tarô de Thoth é um sucesso de vendas.

14. *Chamado do Segundo éter*, um canto enoquiano usado para evocar espíritos.
15. "*We're gonna ride to the abbey of Thelema/To the abbey of Thelema/Blood is pavement.*"

Liber AL e Thelema

Em 1904, após alguns anos de prática inconstante de magia entremeada a muita boemia e uma vasta — e nada ortodoxa — produção literária, ocorreu aquele que seria o grande evento da vida de Aleister Crowley; um evento que influenciaria muitas outras vidas.

Crowley estava no Cairo quando, segundo seu relato, teria mantido contato com uma entidade de nome Aiwass, que se anuncia como o "ministro de Hoor-pa-kraat". Na cosmologia thelêmica, Hoor-pa-kraat é o aspecto passivo e silencioso de Hórus[16], sendo Ra-Hoor-Khuit seu aspecto ativo e sonoro. Hórus, filho de Ísis, é uma deidade egípcia criança.

Contava ele que estava em lua de mel com a esposa Rose Kelly, que não tinha interesse por ocultismo nem familiaridade com magia ou bruxaria, quando ela, aparentemente em transe, começou a lhe transmitir o que dizia ser uma mensagem de Hórus. Crowley teria então testado a esposa de diversas maneiras, mas só acreditou que havia algo de consistente acontecendo quando a levou ao museu de Boulaq e pediu que ela identificasse o deus egípcio para o qual ela afirmava que estava servindo de mensageira. Rose teria então apontado para uma estátua de Hórus em sua versão Ra-Hoor-Khuit. A imagem estava dentro de uma caixa cujo número e registro era 666, o número da Besta do Apocalipse que seria um dos motes mágicos de Crowley.

Durante três dias consecutivos, Crowley, o Profeta de Thelema, teria canalizado por via auditiva a mensagem de Aiwass para a humanidade: *Liber AL vel Legis*, mais conhecido como o *Livro da Lei*, espécie de mensagem e escritura para a Nova Era, ou Novo Éon. *Liber AL* é uma constatação e anunciação da chegada da Era de Aquário.

A originalidade de Crowley estava mais em sua maneira de se expressar do que propriamente em sua mensagem. "Faze o que tu queres há de ser tudo da Lei", o lema do Novo Éon ditado por Aiwass, é basicamente um "remix" de "Faz o que quiseres", de Rabelais, captações comuns ao espírito aquariano de nossos tempos. Urano, a luz desse novo tempo, anuncia uma

---

16. Ou Heru-ra-ha, "Hórus encarnado em sol". Chang, T. Susan; Meleen, M. M. *Tarot Deciphered: Decoding Esoteric Symbolism in Modern Tarot*. Llewellyn Worldwide, 2021.

espécie de "anarquia organizada". Crowley foi um dos que captou mais claramente esses prenúncios — suas atitudes públicas que tanto chocavam as pessoas de sua época seriam consideradas banais hoje em dia. As ações de Crowley refletiam sua busca pelo direito à individualidade, ao autogoverno. Daí para a frente, Crowley passou a dedicar sua vida à magia, que ele rebatizou de *Magick* para "distinguir a ciência dos magos de todas as suas facções opostas". Apesar de apresentar essa grafia do termo como se fosse novidade, a verdade é que há livros do século 16 que comprovam o uso de *magick*, com k. O diferencial também se refere ao segredo da magia sexual, que vinha sendo velado durante o Éon de Osíris.

Os Éons

Este é outro conceito importante no trabalho de Crowley, o dos éons. O primeiro éon que habita a memória coletiva humana é o Éon de Ísis, que corresponde à época da Grande Mãe — o éon pagão, anterior ao cristianismo. Ísis é a deusa egípcia mais importante no panteão mitológico dessa cultura, representante da figura materna em toda sua plenitude. Esse período era caracterizado pelo culto à Deusa, deidade maior, e aos deuses como deidades que expressavam diferentes princípios.

O ser humano da época sabia que a mulher dava à luz, ou seja, sabia que ela "criava" seres humanos aparentemente a partir do nada, o que levou à associação com a deusa criadora e geradora. A mulher de então tinha um caráter sagrado — situação inversa à provocada pelo Éon de Osíris, quando foi descoberto que a gravidez da mulher não era espontânea, mas sim provocada pela fecundação com o sêmen masculino. Essa descoberta revolucionou o pensamento humano, e o culto à Deusa decaiu, florescendo assim o culto ao deus único e, a partir daí, o judaísmo/cristianismo. Osíris é o deus egípcio sacrificado, o deus dos mortos, que foi assassinado por seu irmão Set (como Jesus foi morto e crucificado, como Caim matou Abel) mas ressuscitado por Ísis (assim como Jesus ascendeu da cruz). Desde o começo do século 20, esse éon vem cedendo terreno ao Éon de Hórus, que representa a criança arquetípica guerreira e conquistadora.

Após a revelação no Cairo, toda a produção intelectual e artística de Crowley passou a se voltar para a mensagem de Thelema — porém sem renunciar a seu modo sarcástico e cortante de expor suas ideias e pesquisas. Muitos o condenavam por seus rituais regados a sexo e/ou drogas, por falar abertamente sobre temas tabus na esfera do esoterismo e por sua abordagem da yoga (particularmente o tantra, modalidade vinculada ao sexo ritualístico) e da cabala hermética. Aos críticos ele respondia com o lema da Ordem Iniciática que fundou, a A.:.A.:. (Argenteum Astrum): "O método da Ciência, a intenção da Religião". A ciência não pode abrigar dogmas, portanto qualquer restrição que parta de preceitos religiosos é inválida, ao passo que o sentimento religioso é inerente ao ser humano e não pode ser meramente ignorado, mas sim direcionado.

A possibilidade de Crowley ter se perdido no meio desse desbravamento existe, sim. Mas é lugar-comum que os radicais abram espaço para os moderados.

Argenteum Astrum

A Ordem da Estrela de Prata, também conhecida como S.S. (Silver Star) e A.:.A.:. (Astrum Argenteum, ou Argenteum Astrum), é uma ordem iniciática criada por Crowley em 1907 com o objetivo de preparar pessoas para trabalhar em prol do avanço da humanidade por meio do aperfeiçoamento individual em todos os planos. Esse aperfeiçoamento da espécie humana se dá por uma série de iniciações sincréticas.

"Iluminismo científico" é o nome desse sistema vastamente estruturado na cabala hermética, além de mesclar técnicas budistas e hinduístas a epifanias pessoais e a conhecimentos conquistados por meio de pesquisa e experiência prática. Na A.·.A.·., os membros só conhecem aqueles que estão diretamente acima e abaixo na cadeia de instrução. A ideia é que trabalhem sozinhos, consultando, quando necessário, seu superior na Santa Ordem.

Os membros da Primeira Ordem da A.·.A.·. e da Dominus Liminis fazem um juramento de declarar sua conexão com a A.·.A.·. (*Liber CLXXXV*) abertamente, em todos os lugares. Já dos Adeptos espera-se que trabalhem em silêncio, ao passo que os Magos são obrigados a declarar "sua Lei". Os Ipsissimi, que "existem sem forma", são os mais altos iniciados passíveis de manifestação neste plano e juram silêncio quanto à sua realização nesse grau (*Liber B vel Magi*, *One Star in Sight*).

Ordo Templi Orientis

A O.T.O. (Ordo Templi Orientis) é uma ordem iniciática de origem germânica fundada no início do século 20 e caracterizada por sua estrutura maçônica e por rituais e ensinamentos que incluem magia sexual. Após a morte de Theodor Reuss, líder da organização, Crowley comunicou que o falecido o teria indicado como seu sucessor e reivindicou o cargo, causando um racha, já que ele não apenas assumiu o cargo e deu continuidade às atividades conforme elas eram até então. O que Crowley fez foi impor a Lei de Thelema e o *Livro da Lei* como base do ensinamento da ordem dali por diante, e para tanto reescreveu vários rituais. Os dissidentes continuaram seu caminho sob a denominação O.T.O.A. (Ordo Templi Orientis Antiqua).

Em *The Equinox* — seu periódico de magia e poesia —, Crowley publicou todos os rituais e ensinamentos mágicos da Golden Dawn, destruindo assim a ordem para efeitos mágicos e iniciáticos. Curiosamente, após a morte de Crowley, os rituais secretos escritos por ele para a O.T.O. foram igualmente publicados, e dessa forma essa ordem teve o mesmo destino da Golden Dawn, enfraquecendo-se enquanto organização iniciática. Afinal, um ritual de iniciação é, antes de tudo, um teste da índole e das intenções do candidato, e todo ritual é um teatro — o teatro do encontro entre a vida material e a vida espiritual. O candidato que passa pelo processo iniciático conhecendo previamente o ritual (ou o roteiro da peça de teatro) é como um vestibulando que já conhece o gabarito da prova.

Escândalos e Filosofia

Raoul Loveday não saiu vivo de sua estadia na Abadia de Cefalù, na Sicília. Uns diziam que foi um simples ataque cardíaco, mas, segundo as más línguas, Raoul teria morrido envenenado após beber o sangue de um gato preto recém-sacrificado. A verdade, hoje sabemos, é que Loveday bebeu água contaminada de uma fonte no terreno da abadia, apesar de Crowley ter lhe avisado enfaticamente que as águas do terreno não eram potáveis.

É curioso pensar que um homem tão cheio de inimigos como Crowley nunca foi preso nem internado como louco. Parece que nunca houve qualquer motivo concreto, real, para tirá-lo de circulação, o que já sugere muita coisa por si só. O que realmente importa é a obra deixada pelo homem, e não especulações fantasiosas sobre santidade ou vilania.

Ao declarar "não há Deus senão o Ser Humano", Crowley representou para o ocultismo algo semelhante ao que Nietzsche representou para a filosofia ao afirmar "Deus está morto". O filósofo alemão talvez tenha acabado "louco", mas seu pensamento permanece influente e, como dizia Krishnamurti, "não é sinal de saúde se adequar a uma sociedade doente". O comportamento de Crowley seria, sem surpresa, "desequilibrado" para padrões conservadores, no entanto seus escritos transbordam perspicácia e lucidez. Sigmund Freud teve experiências com cocaína em meio a suas pesquisas sobre a psique humana, mas nem por isso é lembrado como um viciado, e sim como o criador da psicanálise.

Crowley foi um artista, um místico e um filósofo complexo que criou um sistema que só pode ser efetivamente compreendido se estudado e vivenciado. Portanto, qualquer coisa que se escreva tentando explicar o sistema thelêmico será insuficiente — a prática será o fator decisivo. O verbo do éon é FAZER (*to do*). O objetivo deste livro é esclarecer os caminhos do Tarô de Thoth para que cada pessoa os percorra como queira.

Sobre Thoth

Representado como um homem com cabeça de íbis levando uma pena e um pergaminho, Thoth está de prontidão para anotar tudo que vê e pensa. Deus da Lua e da sabedoria, inventor da escrita e dos números, aquele que mede o tempo, o nome Thoth é uma corruptela grega do egípcio Tahuti, autogerado no início dos tempos ao lado da esposa Ma'at, com quem teve oito filhos — inclusive Amon, a deidade reverenciada em Tebas como Senhor do Universo. Thoth é juiz de todas as causas, e um dos deuses mais respeitados do panteão egípcio.

Diz a lenda que Thoth inventou o tarô, mas hoje sabemos que os primeiros tarôs foram criados na Idade Média e que não há nenhuma prova que ligue o tarô ao Antigo Egito. Também foi Thoth quem concedeu a Nuit — a deusa do céu — cinco dias férteis por ano, anulando a maldição de esterilidade permanente lançada por Shu sobre Nuit, que estava apaixonada por Geb — o deus da terra. Sendo esse tarô regido por Thoth, antes de utilizá-lo é importante procurar se harmonizar com esta deidade associada a Mercúrio/Hermes.

PARTE II

O Tarô de Thoth

Concebido por Crowley e desenhado pela artista Frieda Harris (1877-1962), o Tarô de Thoth não se propunha a ser apenas mais um dos vários tarôs assinados por artistas ou magistas. Sua ambição era bem maior: ser o tarô da Nova Era, a fim de desvincular o oráculo das tradições restritivas e expor em seus símbolos a diversidade e a amplitude do éon simbolizado por Aquário.

Em seus últimos cinco anos de vida, Crowley trabalhou arduamente neste que muitos consideram seu mais bem-sucedido projeto. Para explicar o Tarô de Thoth, Crowley escreveu o *Livro de Thoth*, no qual elucida, em seu estilo rebuscado, o sentido dos símbolos contidos nas cartas. Crowley também era pintor, mas seu estilo abstrato e *naif* não serviria ao âmbito de precisão necessário para a intenção futurista da mensagem, por isso optou por orientar Frieda Harris para que ela traduzisse suas visões espirituais.

O que primeiro chama a atenção no Tarô de Thoth é justamente o estilo de Frieda Harris, de uma plasticidade derramada, repleto de imagética onírica. Como a arte é uma suprema magia, haverá atração e/ou repulsão instantânea a esse tarô, porém nunca indiferença. No início, Crowley buscava uma estética medieval para o projeto, mas Frieda conduziu naturalmente o trabalho para uma linha mais delirante e repleta de códigos cabalísticos, científicos, astrológicos e mitológicos, marcando sua importância na parceria de um projeto geralmente creditado apenas ao bruxo inglês.

O *Livro de Thoth* só voltou a ser publicado 22 anos após a morte de Crowley, o que é muito curioso se pensarmos que são 22 os Arcanos Maiores de qualquer tarô.

Para que serve o tarô?

Muita bobagem é dita sobre o e em nome do tarô. A associação mais comum é com previsão do futuro. Então, para bom entendimento do material a ser estudado, é preciso frisar: o tarô *não* prevê o futuro.

Então, para que serve o tarô? Para várias coisas.

Primeiro de tudo: para olhar. O tarô é um objeto de meditação tanto quanto uma mandala, um mudra ou um mantra. Cada um dos vários baralhos de tarô que existem tem sua simbologia expressa de uma forma que toca a sensibilidade de certo tipo de pessoa pela visão.

O Tarô de Thoth é composto de arcanos desenhados com muita sutileza, cheios de detalhes e de símbolos evidentes, como se estivesse representando diferentes dimensões de percepção e consciência. Portanto, antes de tentar fazer leituras com essas cartas, observe-as, capte as impressões que elas lhe transmitem. Se possível, anote essas impressões em um caderno, pois pode se surpreender quando estudar as interpretações "oficiais" dos símbolos que os arcanos contêm. Tanto concordar quanto discordar das interpretações mais populares ou respeitadas para os significados arquetípicos dos arcanos gera implicações que revelam aspectos muito interessantes da personalidade.

Em segunda instância, o tarô serve para brincar. Após tomar intimidade com as figuras, passe a brincar de jogar com elas. O bom tarólogo sempre brinca com as cartas, pois sabe que uma atitude "reverente" para com elas inverte as posições: o que as cartas revelam é um espelho do seu inconsciente. Elas não traçam seu destino; elas refletem o traçado que a própria pessoa desenha para sua vida.

Há duas formas básicas de abrir os arcanos. Uma delas é escolher uma carta a esmo, sem assunto predeterminado. Tal modalidade é interessante para que os arquétipos sejam refletidos de modo espontâneo ou, como diriam os antigos, para que os deuses falem pelas cartas aquilo que você realmente precisa ouvir, e não o que você escolheu ou deseja ouvir. A vantagem desse método é reduzir a autoindulgência e estimular o elemento surpresa — o arcano que você tira pode tocar em um assunto que você rejeita, mas que é fundamental para sua situação.

Outra forma seria escolher um assunto específico, neutralizando ao máximo qualquer opinião prévia sobre ele. Procure encarar a mensagem da carta como vinda de uma parte de seu interior com a qual você não trava contato direto. O tarô é, sobretudo, um instrumento lúdico, portanto encare-o com a mesma curiosidade de uma criança.

Quando você conquista a capacidade de olhar e ver o tarô, bem como de brincar com ele, terá início seu diálogo com os arcanos. Só então se manifesta o grande propósito do baralho de cartas, que é estimular o autoconhecimento. Nos arcanos, você poderá ver os reflexos de seus medos e esperanças, o que facilita a lidar com eles — até porque só se pode resolver os problemas dos quais temos consciência: não se resolve aquilo que se ignora. O tarô traz à luz, para quem quiser/souber ver, o multifário universo individual de cada um.

Sobre a Cabala Hermética

Para entender o Tarô de Thoth, é necessário entender a cabala hermética. E, para entender a cabala, é preciso familiarizar-se com a Árvore da Vida, que é a representação pictórica de seus princípios.

O Tarô de Thoth é um livro de arquétipos universais que são representados conforme a cabala hermética. Observe que, no escopo desta, sempre se está fazendo novas associações à medida que novas coisas são descobertas ou produzidas, associações essas baseadas na estrutura original da cabala tradicional.

Na Idade Média, a religião dominava abertamente a política. A religião católica era o poder máximo efetivo na sociedade. A busca por conhecimento iniciático não podia ser propagada abertamente, e quem o fizesse se arriscava a terminar seus dias ardendo em uma fogueira. Por mais surreal que seja dizer isso em pleno século 21, ainda existem países em que inomináveis atrocidades ocorrem em nome da religião, inclusive no Brasil, que está bem longe de ser um país laico na prática, ao contrário do vizinho Uruguai, um dos países mais laicos do mundo, o que exemplifica como culturas radicalmente dessemelhantes muitas vezes são vizinhos que parecem viver em épocas diferentes.

A palavra "cabala" significa "tradição", "conhecimento oral". É um conjunto de pensamentos, filosofias, hábitos, crenças e textos judaicos, de autores variados, que não necessariamente convergiam em todos os seus estatutos. As duas grandes religiões ocidentais derivam da cabala: o judaísmo, explicitamente, já que a cabala (não a hermética) faz parte de suas doutrinas; e o cristianismo, pois tudo no sistema católico/cristão deriva do judaísmo – segundo a Bíblia, Jesus Cristo era judeu.

A cabala entende o mundo como uma emanação de Deus, o Deus que está em tudo e todos. A Árvore da Vida está envolta por três abstrações:

- **Ain**, o Nada;
- **Ain Soph**, o Ilimitado; e
- **Ain Soph Aur**, a Luz Ilimitada.

Ela representa o espalhamento dessas emanações através de 10 *sephiroth* (números) que geram 22 caminhos-letras. A árvore pode estar contida em um dos quatro mundos — representados também como as quatro partes da palavra mágica, o nome de Deus — Yod-He-Vau-He.

Estes mundos são:

- **Atziluh**, o plano espiritual (o naipe de Paus);
- **Briah**, a esfera emocional (Copas);
- **Yetzirah**, o mundo mental (Espadas); e
- **Assiah**, a matéria (Ouros).

Essa visão caleidoscópica pode parecer complicada à primeira vista, mas, à medida que o estudante se familiariza com a disposição gráfica da Árvore da Vida, tudo vai fazendo cada vez mais sentido.

Fazem parte do sistema cabalístico algumas técnicas, como a gematria — através da qual somamos as letras (que são números) e fazemos a ligação entre o significado dos números e das palavras. Palavras com o mesmo valor numérico estariam então correlacionadas. Na cabala grega, tanto a palavra *Thelema* (vontade) quanto a palavra *agape* (amor) somam 93. Duas palavras com o mesmo resultado numérico são relacionadas, como se fossem de alguma forma aparentadas.

Toda e qualquer palavra escrita em hebraico pode ser submetida à comparação numérica por meio de três disciplinas cabalísticas: a já citada *gematria*, que soma os valores numéricos das letras hebraicas; o *notariqon*, técnica caracterizada pela junção da primeira e da última letras (ou das duas letras do meio) de uma palavra ou de uma frase para então formar outra; e o *temurah*, que é uma técnica baseada em troca de letras e anagramas subdividida em três métodos.

Atente-se ao fato de que não existe "numerologia cabalística". A numerologia é uma adaptação da gematria para o alfabeto romano. Ou seja, numerologia não é cabala, mas sim uma apropriação de um dos mecanismos do sistema cabalístico.

Sephiroth – Arcanos Menores

Kether (Ás) — Coroa

A origem de todas as outras *sephiroth*. O masculino não manifesto, portanto, ainda andrógino. **O primeiro caminho**, o da **Inteligência Admirável**. A imagem mágica de Kether, situada no alto do Pilar do Equilíbrio, no Triângulo Supremo, é o perfil de um velho rei barbado. Seus símbolos são o ponto (positivo, mas ainda indefinido), a coroa e a suástica. Sua experiência espiritual é a união com Deus.

Chokmah (Dois) — Sabedoria

O primeiro ponto distinguível, a polaridade masculina em confronto com outro ponto. Situado no alto do Pilar da Misericórdia, no Triângulo Supremo, é **o Caminho da Inteligência Iluminadora**. A imagem mágica é uma figura masculina, barbada. Sua experiência é a visão de Deus, face a face. Seus símbolos são a linga, o cetro, a torre, figuras fálicas em geral. É o princípio dinâmico.

Binah (Três) — Entendimento

O ponto definido em relação aos outros dois. Reação *yin* à força *yang* de Chokmah situada no alto do Pilar da Severidade, completando o Triângulo

Supremo. Símbolos: *yoni*, taça, Manto Externo do Ocultamento[17]. Imagem mágica: uma mulher madura. Experiência: a visão da dor. **O Caminho da Inteligência Santificadora**, a mãe da fé. Aquilo que dá forma.

Chesed (Quatro) — Misericórdia

O ponto definido por três outros, a matéria em seu mais primário estágio. Substância. **O Caminho da Inteligência Coesiva ou Receptiva**, cuja imagem é a de um rei coroado em seu trono. A experiência desta *sephirah* é a visão do amor. Seus símbolos são as figuras sólidas em geral, o tetraedro, a pirâmide; e o bastão, o cetro e o cajado. Chesed (também chamada **Gedulah**) está no centro do Pilar da Misericórdia. É o princípio coagulador.

Geburah (Cinco) — Severidade

Após a manifestação da substância, vem a manifestação do movimento. A guerra, a energia pulsante. **O Caminho da Inteligência Radical**, o medo, a experiência da visão do poder. A imagem mágica de Geburah é a de um guerreiro em seu carro. Seus símbolos são a espada, a lança, o pentágono. Está no centro do Pilar da Severidade. É o catabolismo cósmico.

Tiphareth (Seis) — Beleza

O ponto agora tem autoconsciência e se compara aos cinco estágios anteriores. Está no centro da Árvore da Vida, no meio do Pilar do Equilíbrio. Suas imagens mágicas são: um rei majestoso, uma criança, um deus sacrificado. A experiência desta *sephirah* é a visão da harmonia das coisas e os mistérios da crucificação. **O Caminho da Inteligência Mediadora**, cujos símbolos são a rosa-cruz, o *lamen*, a cruz do calvário, o cubo. Tiphareth é a consciência superior que une a individualidade à personalidade.

Netzach (Sete) — Vitória

Estando na base do Pilar da Misericórdia, é o ponto que desenvolve a imaginação do regozijo. A visão da beleza triunfante experimentada como a forma de uma mulher nua. **O Caminho da Inteligência Oculta**, cujos símbolos são a lâmpada, o cinto e a rosa. É a força da consciência.

---

17. As Rainhas e os Três possuem as mesmas correspondências; e o mesmo ocorre com os Cavaleiros e Chokmah.

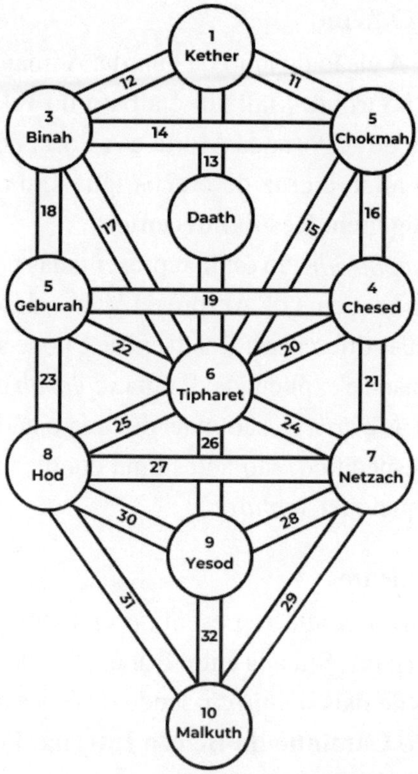

A Árvore da Vida

Hod (Oito) — Glória

A percepção do Conhecimento, situada na base do Pilar da Severidade. **O Caminho da Inteligência Absoluta Perfeita**. A experiência espiritual de Hod é a visão do esplendor, e a imagem mágica é um hermafrodita. É a forma da consciência, cujo símbolo é o avental. Suas raízes só se fixam nos lugares ocultos de Chesed, de quem Hod é o reflexo.

Yesod (Nove) — Fundamento

Masculino e feminino intercalados. A imagem mágica de Yesod é um homem belo e forte, nu, apesar de o simbolismo desta *sephirah* ser lunar. Encontra-se na base do Pilar do Equilíbrio, e sua experiência espiritual é a visão do mecanismo do universo. Perfumes e sandálias são símbolos de Yesod, cujo **Caminho da Inteligência Pura** filtra as emanações.

Malkuth (Dez) — O Reino

A Terra. A matéria. A visão do anjo da guarda. A imagem de uma jovem coroada e sentada no trono. Malkuth é a base do Pilar do Equilíbrio e é também chamada de A Porta da Morte e A Porta do Jardim do Éden. Símbolos: o duplo altar, a cruz de braços iguais, o círculo mágico. **O Caminho da Inteligência Resplandecente**.

As próximas *sephiroth* não estão representadas nos arcanos do tarô, mas fazem parte do esquema da Árvore da Vida e desempenham papéis importantes. Note suas diferenças: Daath existe e pode ser vista na Árvore, só não está denominada e explicitada. É uma *sephirah* misteriosa e oculta, porém presente. Já as *qliphoth* são mais de uma e não estão localizadas em nenhum lugar específico; são antes uma condição que pode ou não estar presente em qualquer *sephiroth*.

Daath — Conhecimento

A misteriosa *sephirah* oculta representa o elemento imprevisível, e o imprevisto sempre se faz. Situada entre Binah e Chokmah, é, na verdade, outra dimensão das demais *sephiroth*, sendo o vértice da pirâmide. Daath cruza o Abismo, é o **Caminho da Beleza Interna**. Equivale à garganta na Árvore da Vida.

Qliphoth — Meretriz

Muito embora não seja exatamente uma *sephirah* e não esteja definidamente localizada na Árvore da Vida, corresponde à emanação negativa e deterioradora de cada *sephirah*. São chamadas de *sephiroth* malignas e adversas, o reverso da moeda de cada *sephirah*, sua caricatura grotesca e vulgar.

Letras – Caminhos – Arcanos Maiores

Aleph (1 — Boi) — 11º Caminho, o da Inteligência Cintilante, faz a conexão entre Chokmah e Kether.

Beth (2 — Casa) — 12º Caminho, o da Inteligência Transparente, faz a conexão Binah e Kether.

Guimel (3 — Camelo) — 13º Caminho, o da Inteligência Que Une, faz a conexão entre Tiphareth e Kether.

Daleth (4 — Porta) — 14º Caminho, o da Inteligência Luminosa, faz a conexão entre Binah e Chokmah.

Tzaddi (90, 900 — Anzol) — 28º Caminho, o da Inteligência Natural, faz a conexão entre Yesod e Netzach.

Vau (6 — Prego) — 16º Caminho, o da Inteligência Triunfal, faz a conexão entre Chesed e Chokmah.

Zain (7 — Espada) — 17º Caminho, o da Inteligência Disposta, faz a conexão entre Binah e Tiphareth.

Cheth (8 — Cerca) — 18º Caminho, o da Inteligência da Casa da Influência, faz a conexão Geburah e Binah.

Lamed (30 — Aguilhão de Boi) — 22º Caminho, o da Inteligência Fiel, faz a conexão Tiphareth e Geburah.

Yod (10 — Mão) — 20º Caminho, o da Inteligência da Vontade, liga Tiphareth a Chesed.

Kaph (20, 500 — Palma) — 21º Caminho, o da Inteligência Conciliadora, faz a conexão entre Netzach e Chesed.

Teth (9 — Serpente) — 19º Caminho, o da Inteligência do Segredo, faz a conexão entre Geburah e Chesed.

Mem (40, 600 — Água) — 23º Caminho, o da Inteligência Estável, faz a conexão entre Hod e Geburah.

Nun (50, 700 — Peixe) — 24º Caminho, o da Inteligência Imaginativa, faz a conexão entre Netzach e Tiphareth.

Samekh (60 — Escora) — 25º Caminho, o da Inteligência da Prova, faz a conexão entre Yesod e Tiphareth.

A'ain (70 — Olho) — 26º Caminho, o da Inteligência Renovada, faz a conexão entre Hod e Tiphareth.

Pe (80, 800 — Boca) — 27º Caminho, o da Inteligência Excitante, faz a conexão entre Hod e Netzach.

He (5 — Janela) — 15º Caminho, o da Inteligência Que Constitui, faz a conexão entre Tiphareth e Chokmah.

Qoph (100 — Reverso da Cabeça) — 29º Caminho, o da Inteligência Corpórea, faz a conexão entre Malkuth e Netzach.

Resh (200 — Cabeça) — 30º Caminho, o da Inteligência Coletiva, faz a conexão entre Yesod e Hod.

Shin (300 — Dente) — 31º Caminho, o da Inteligência Perpétua, faz a conexão entre Malkuth e Hod.

Tau (400 — Cruz Egípcia) — 32º Caminho, o da Inteligência Administrativa, faz a conexão entre Malkuth e Yesod.

Associação Cabala/Tarô

Tabela A: Arcanos Maiores

Arcano 0: O Louco
א Aleph – Ar

Arcano I: O Mago
ב Beth – Mercúrio

Arcano II: A Sacerdotisa
ג Guimmel – Lua

Arcano III: A Suma Sacerdotisa
ד Daleth – Vênus

Arcano IV: O Imperador
ה Tzaddi – Áries

Arcano V: O Hierofante
ו Vau – Touro

Arcano VI: Os Amantes
ז Zain – Gêmeos

Arcano VII: A Carruagem
ח Cheth – Câncer

Arcano VIII: Ajustamento
ל Lamed – Libra

Arcano IX: O Eremita
י Yod – Virgem

Arcano X: Fortuna
כ Kaph – Júpiter

Arcano XI: Lascívia
ט Teth – Leão

Arcano XII: O Pendurado
מ Mem – Água

Arcano XIII: Morte
נ Nun – Escorpião

Arcano XIV: Arte
ס Samekh – Sagitário

Arcano XV: O Diabo
ע Ayin – Capricórnio

Arcano XVI: A Torre
פ Phe – Marte

Arcano XVII: A Estrela
ה He – Aquário

Arcano XVIII: A Lua
ק Qoph – Peixes

Arcano XIX: O Sol
ר Resh – Sol

Arcano XX: O Aeon
ש Shin – Fogo

Arcano XXI: O Éon
ת Tau – Saturno (Terra)

O Resgate dos Símbolos

Em busca de estabelecer simetria com outros sistemas e de clarear os sentidos velados do tarô enquanto oráculo, Crowley renomeou algumas das cartas e trocou as letras equivalentes aos Arcanos IV e XVII.

Os místicos da Antiguidade tinham de codificar os ensinamentos ocultistas nas cartas de tarô. Quanto mais a sociedade e nossas consciências se livram das restrições impostas pelos velhos ritos como forma de controle, mais o significado dos arcanos se torna compreensível. Partindo desse pensamento, a primeira e mais óbvia "mudança", já adotada também por muitos outros baralhos, é restituir à Suma Sacerdotisa e ao Hierofante seus títulos verdadeiros, não os insultando com os títulos "Papisa" e "Papa".

À parte disto, o Arcano VIII, originalmente intitulado A Justiça, aqui aparece com o nome Ajustamento. Crowley ponderou que o significado desse arcano estava sendo deturpado ao ser interpretado como algum tipo de "justiça divina" do cristianismo — ligando-o a outro arcano, o vigésimo, que é chamado de O Julgamento em outros baralhos, uma alusão ao Juízo Final descrito na Bíblia. A Natureza não é justa; ela não é caridosa nem punitiva *per se*. A busca é pelo Ajustamento, e não se pode preparar essa omelete sem quebrar ovos. Igualmente, O Julgamento impute culpa e pesar, enquanto o Apocalipse pode ser visto como a alegre transição das trevas materialistas e religiosas para a liberdade filosófica e científica. Ou seja, o que para a Bíblia parece um fim (e é, mas o fim da era cristã), para o mundo é apenas a transição de éons, um crescimento cósmico planetário.

Outra alteração foi a do Arcano XI, na maioria das vezes conhecido como A Força, mas ressignificado por Crowley como *Lust* (Volúpia, ou Lascívia, ou Tesão). O arcano medieval mostra uma mulher pudica, vestida, canalizando sua força ao segurar a boca de uma fera aberta na altura da sua genitália. Crowley explicita o significado velado nesse desenho: a verdadeira força é aquela que vem do chacra básico, a força instintiva de Malkuth que precisa ser governada pela energia vinda de Kether. No antigo desenho, Kether aparecia na cabeça da mulher como um chapéu em forma de infinito, semelhante ao usado pelo Mago. No baralho de Thoth, a mulher está nua, cavalga a Besta e, em celebração, oferece ao Altíssimo a taça do Graal.

Também o Arcano XIV, chamado A Temperança, foi retocado. A filosofia cristã é fundamentada em ideias de vitimização e sofrimento, já que sua deidade maior é sacrificada, em sintonia com os influxos de sua época osiriana, que valorizam a temperança e a passividade. Isto desvirtuou o sentido do arcano, que indica concentração e complementação de polos opostos — polos esses que se encontram originalmente no Arcano VI, como veremos. A concentração no processo espiritual é simbolizada pela prática da arte da alquimia. Por isso, o arcano passa a se chamar Arte. Ele era representado por um anjo no baralho medieval, mas no Tarô de Thoth aparece como um híbrido formado pelo casal do Arcano VI.

Já a explicação da troca das letras hebraicas referentes aos Arcanos IV e XVII é um tanto mais intrincada. No primeiro capítulo de *Liber AL*, versículo 57, lê-se:

> "Invocai-me sob minhas estrelas! Amor é a lei, amor sob vontade. Nem permitais os tolos confundir amor; pois existem amor e amor. Existe a pomba, e existe a serpente. Escolhei bem! Ele, meu profeta, escolheu, ciente da lei da fortaleza, e do grande mistério da Casa de Deus."[18]

O profeta assim chamado é Crowley, que recebeu o ditado de Aiwass — porta-voz de Hórus que teria entrado na consciência de Rose Kelly, esposa de Crowley. O texto ditado era *Liber AL*, e o versículo acima advertia para a necessidade da mudança de correspondência entre letras hebraicas e arcanos do tarô. A Estrela, antes associada à letra Tzaddi e ao signo de Áries, passa a ser associada à letra He e ao signo de Aquário, trocando com O Imperador, antes associado a He. Na verdade, a associação é com Tzaddi, termo que tem a mesma raiz de *tsar*, *czar*, *Kaiser*, césar; logo, a mesma definição de imperador. He representa o princípio feminino que combina com o Arcano XVII, cuja figura é Nuit — a personificação da Deusa.

---

18. Crowley, Aleister. *O livro da Lei comentado por Aleister Crowley*. Editora Via Sestra, p. 276.

Tabela B: Arcanos da Corte

Cavaleiro de Paus
Chokmah em Atziluh. Sabedoria no Mundo Espiritual.

Cavaleiro de Copas
Chokmah em Briah. Sabedoria no Mundo Emocional.

Cavaleiro de Espadas
Chokmah em Yetzirah. Sabedoria no Mundo Mental.

Cavaleiro de Ouros
Chokmah em Assiah. Sabedoria no Mundo Material.

Rainha de Paus
Binah em Atziluh. Misericórdia no Mundo Espiritual.

Rainha de Copas
Binah em Briah. Misericórdia no Mundo Emocional.

Rainha de Espadas
Binah em Yetzirah. Misericórdia no Mundo Mental.

Rainha de Ouros
Binah em Assiah. Misericórdia no Mundo Material.

Príncipe de Paus
Tiphareth em Atziluh. Beleza no Mundo Espiritual.

Príncipe de Copas
Tiphareth em Briah. Beleza no Mundo Emocional.

Príncipe de Espadas
Tiphareth em Yetzirah. Beleza no Mundo Mental.

Príncipe de Ouros
Tiphareth em Assiah. Beleza no Mundo Material.

Princesa de Paus
Malkuth em Atziluh. Reino do Mundo Espiritual.

Princesa de Copas
Malkuth em Briah. Reino do Mundo Emocional.

Princesa de Espadas
Malkuth em Yetzirah. Reino do Mundo Mental.

Princesa de Ouros
Malkuth em Assiah. Reino do Mundo Material.

Tabela C: Arcanos Menores

Paus — Atziluh — Mundo Espiritual
Ás de Paus — A Raiz dos Poderes do Fogo. Kether em Atziluh.
Dois de Paus — Marte em Áries. Domínio. Chokmah em Atziluh.
Três de Paus — Sol em Áries. Virtude. Binah em Atziluh.
Quatro de Paus — Vênus em Áries. Conclusão. Chesed em Atziluh.
Cinco de Paus — Saturno em Leão. Luta. Geburah em Atziluh.
Seis de Paus — Júpiter em Leão. Vitória. Tiphareth em Atziluh.
Sete de Paus — Marte em Leão. Valor. Netzach em Atziluh.
Oito de Paus — Mercúrio em Sagitário. Velocidade. Hod em Atziluh.
Nove de Paus — Lua em Sagitário. Força. Yesod em Atziluh.
Dez de Paus — Saturno em Sagitário. Opressão. Malkuth em Atziluh.

Copas — Briah — Mundo Emocional
Ás de Copas — A Raiz dos Poderes da Água. Kether em Briah.
Dois de Copas — Vênus em Câncer. Amor. Chokmah em Briah.
Três de Copas — Mercúrio em Câncer. Abundância. Binah em Briah.
Quatro de Copas — Lua em Câncer. Luxo. Chesed em Briah.

Cinco de Copas — Marte em Escorpião. Decepção. Geburah em Briah.
Seis de Copas — Sol em Escorpião. Prazer. Tiphareth em Briah.
Sete de Copas — Vênus em Escorpião. Degeneração. Netzach em Briah.
Oito de Copas — Saturno em Peixes. Indolência. Hod em Briah.
Nove de Copas — Júpiter em Peixes. Felicidade. Yesod em Briah.
Dez de Copas — Marte em Peixes. Saciedade. Malkuth em Briah.

Espadas — Yetzirah — Mundo Intelectual

Ás de Espadas — A Raiz dos Poderes do Ar. Kether em Yetzirah.
Dois de Espadas — Lua em Libra. Paz. Chokmah em Yetzirah.
Três de Espadas — Saturno em Libra. Tristeza. Binah em Yetzirah.
Quatro de Espadas — Júpiter em Libra. Trégua. Chesed em Yetzirah.
Cinco de Espadas — Vênus em Aquário. Derrota. Geburah em Yetzirah.
Seis de Espadas — Mercúrio em Aquário. Ciência. Tiphareth em Yetzirah.
Sete de Espadas — Lua em Aquário. Futilidade. Netzach em Yetzirah.
Oito de Espadas — Júpiter em Gêmeos. Interferência. Hod em Yetzirah.
Nove de Espadas — Marte em Gêmeos. Crueldade. Yesod em Yetzirah.
Dez de Espadas — Sol em Gêmeos. Ruína. Malkuth em Yetzirah.

Ouros — Assiah — Mundo Material

Ás de Ouros — A Raiz dos Poderes da Terra. Kether em Assiah.
Dois de Ouros — Júpiter em Capricórnio. Mudança. Chokmah em Assiah.
Três de Ouros — Marte em Capricórnio. Trabalhos. Binah em Assiah.
Quatro de Ouros — Sol em Capricórnio. Poder. Chesed em Assiah.
Cinco de Ouros — Mercúrio em Touro. Preocupação. Geburah em Assiah.
Seis de Ouros — Lua em Touro. Sucesso. Tiphareth em Assiah.
Sete de Ouros — Saturno em Touro. Falência. Netzach em Assiah.
Oito de Ouros — Sol em Virgem. Prudência. Hod em Assiah.
Nove de Ouros — Vênus em Virgem. Ganho. Yesod em Assiah.
Dez de Ouros — Mercúrio em Virgem. Riqueza. Malkuth em Assiah.

PARTE III

Os Arcanos Maiores

Sempre que um Arcano Maior surge na leitura, ele representa uma ênfase, indica altas forças iniciáticas em ação e sinaliza experiência de vida notadamente relevante. Os Arcanos Maiores simbolizam momentos decisivos, ao contrário dos Arcanos Menores, que abordam situações cotidianas ou mais superficiais — que não deixam de ter sua importância, mas em outro sentido.

Os Arcanos Maiores relatam a jornada do ser humano, representado como **O Louco**, e os momentos cruciais de sua vida. O Louco é uma alegoria do espírito livre, desimpedido, irrestrito, sedento de realização e experimentação. Também é conhecido como O Andarilho, desamarrado de tudo, conforme a verdadeira condição humana: nossa única certeza é não sabermos de onde viemos nem para onde vamos.

O Mago é a primeira manifestação do Louco/Andarilho, é o momento em que ele constata ter em mãos todos os instrumentos para realizar o que lhe vier à mente. E, sendo O Louco a alma em estado bruto, O Mago é o arquétipo masculino da deidade, a ideia de Deus, aquele ser que está antes e depois da existência.

Em seguida, O Louco encontra **A Suma Sacerdotisa**, aquela que tudo gera, o aspecto feminino da deidade: a Deusa.

Após se conscientizar de seus pais cósmicos, O Louco conhece seus pais terrenos — **A Imperatriz**, símbolo prenhe de vida, a infância da alma inquieta; e **O Imperador**, símbolo da força da manutenção física e material, o guardião do império, protetor e opressor.

Daí o andarilho errante se depara com **O Hierofante**, que é uma pessoa de fora, ou quem sabe uma parte do próprio caminhante que serve de ponte entre ele e Deus(a). Em **Os Amantes**, ele vivencia a dúvida da escolha: Eva ou Lilith? Prazer carnal ou segurança afetiva? Esquerda ou direita?

Após tomar sua decisão, O Louco pega sua **Carruagem** e se prepara para ganhar velocidade e deixar apenas um rastro de poeira para trás. Ele está decidido a ir — mesmo que ainda não tenha escolhido seu destino. Como O Andarilho ainda está muito imaturo e não conhece bem as regras, vai acabar ultrapassando as normas de conduta na estrada, e é assim que ele toma contato com a existência da lei: O **Ajustamento**. A natureza (ou a sociedade, que é parte dela) apresenta sua conta, e O Louco deve arcar com as consequências.

Após esse encontro liberdade *versus* lei, é hora de meditar e amadurecer, de se fechar para o mundo externo, conforme a fórmula do **Eremita**. Esse isolamento facilita a necessária mudança promovida pelas Moiras, que cortam e tecem os fios da roda da **Fortuna**.

É então que O Louco chega a um grande ponto de sua caminhada, o ponto no qual é tragado pela força de sua própria natureza, vivendo assim **A Lascívia**, que conduz os desejos e as necessidades de todo ser, humano ou não, orientando sobre a direção a seguir em uma explosão de força, instinto e visão. Após o êxtase, **O Pendurado** se põe como a serpente que acaba de engolir um boi inteiro, digerindo com desconforto aquilo que momentos antes lhe aguava a boca.

A **Morte** é a evacuação tanto do prazer quanto da dor, o corte e o fim do que está acontecendo, a transformação evolutiva. A **Arte** mostra que, após unir e recortar as polaridades, sobra o equilíbrio sutil inerente a quem aprendeu a se deixar levar pelas águas da Natureza, não resistir, mas fluir além.

O Diabo representa o momento em que O Louco dá vazão aos seus instintos materiais, corporais, animalescos e instintivos. **A Torre** se encarrega de fechar um grande ciclo e destruir tudo que for tóxico ou fraco.

Quando se perde tudo, só resta a esperança, e é este o tema da **Estrela**. Contudo, a esperança vã se transforma em armadilha para o calabouço da loucura e da ilusão — eis o tenebroso, fascinante e inevitável arcano **A Lua** se impondo como mais um obstáculo a ser transposto.

Após a estadia nos domínios da noite negra da alma e toda a sua cota de sustos, é imperativo que se busque o áureo alvorecer — **O Sol** brilha mais uma vez em todo seu esplendor zodiacal, clareando todas as sombras, e então se percebe que uma sombra ou silhueta que no breu parecia ameaçadora na luz não passa de uma árvore seca. A segunda volta na espiral promove uma modificação profunda: enquanto a **Fortuna** indica uma mudança no âmbito cotidiano e externo, **O Éon** anuncia a chegada de uma nova era. O Louco morreu e ressuscitou renovado simbolicamente, como uma criança cheia de espontaneidade mas já bastante experiente, despojada de códigos anteriores e pronta para desbravar um novo mundo, que é o próprio **Universo**.

0. O Louco

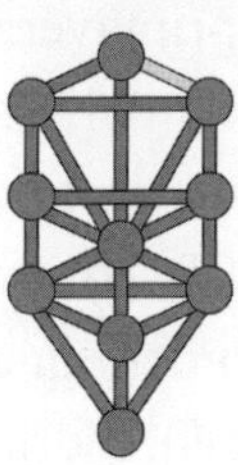

Árvore da Vida: Kether indo para Chokmah

Número: 0 sendo o nada e o começo de tudo

Descrição: O bobo da corte era o único que podia tirar um sarro da cara do rei sem ir para a guilhotina, tudo em nome do bom humor. O Louco é como o bobo da corte, sempre no fio da navalha, na beira do abismo, correndo o risco de saber o que existe em seu caminho. Este arcano representa o Espírito do Éter, a origem de todo o "vir a ser". Para algumas antigas tradições, aqueles que hoje chamamos de loucos são, na verdade, santos, pessoas conectadas com uma energia incognoscível para a mentalidade "sã".

Os membros do Louco preenchem os quatro cantos (e quatro elementos, quatro pontos cardeais etc.) da carta, ocupando todos, mas surgindo do centro. Em outras palavras, O Louco alcança o Fogo, a Água, o Ar e a Terra, mas sua posição original é no centro de todos — o Éter, o elemento original que gera e contém todos os outros. A espiral que o circunda sugere evolução e continuação em meio à transitoriedade.

À sua direita, a pomba que desce dos céus representa a Consciência Divina se aproximando da Terra, isto é, a encarnação por vir. Na mão direita, O Louco carrega um pinho de fogo, e na esquerda um cristal, mostrando assim o potencial de crescimento dos reinos vegetal e mineral tanto quanto do animal (ele mesmo).

O Louco pode ser associado à lenda de Parsifal, o inocente imprudente que atira no cisne sagrado, mas que, justamente graças a essa inocência e despreparo, acaba se livrando das armadilhas de seu caminho e encontrando dentro de si próprio um templo sagrado que o leva ao Graal, que converte inocência em santificação. Este arcano traz em si, portanto, uma apologia da espontaneidade, da não previsibilidade, do irracional como forma de raciocínio. Também tem a ver com o mito pagão do cavaleiro errante[19], aquele que larga o reino de seu pai para se aventurar no mundo e conquistar, por meio de luta, a princesa de um outro reino, fazendo-se rei não por herança, mas sim por mérito próprio.

O Louco é a primavera, o florescimento da vida. Certos países celebram o Dia do Louco de Abril, uma comemoração da primavera relacionada à festa cristã dos Santos Inocentes. Ele exibe os chifres de Dioniso Zagreus, filho de Zeus e Deméter (ou seja, céu e terra, a encarnação do espiritual no material). As uvas referem-se a Baco e à celebração como forma de transcendência, a percepção da ordem que reina no caos. A borboleta à sua direita é símbolo de renovação, morte que leva à vida (a morte da lagarta é a vida da borboleta).

Há um abutre abaixo do braço esquerdo do Louco, logo abaixo da pomba e maior que esta, quase como uma sombra, talvez simbolizando a sombra que o conhecimento transcendental projeta. A ambiguidade aqui é fundamental (daí o fato de muitos baralhos representarem O Louco de maneira andrógina), pois esse personagem caracteriza aquilo que ainda não tem forma definida.

19. Quem leu *As brumas de Avalon*, de Marion Zimmer Bradley, reconhecerá isto.

Outro símbolo importante que confirma a tendência agênero é o caduceu, tipicamente associado à Grécia, mas já encontrado na Índia. Duas serpentes se enrolam em um bastão cujo topo é um sol alado, como se estivesse sugerindo que a unificação de opostos no caminho do meio conduz à libertação e à ascendência ao Criador – sendo o Sol visto aqui como um arquétipo da morada de Deus[20], o regulador e centro de nosso sistema planetário e cósmico.

Vemos também um Sol na altura do chacra básico, o que endossa a ideia de que a Verdadeira Vontade humana está intimamente relacionada ao desejo sexual, por ser este uma força espontânea da natureza. A vontade pura é a representação do propósito mais legítimo da pessoa; essa vontade sem ânsia de resultado é o motivo de cada pessoa estar aqui e ser quem é. O sexo é um emblema desse princípio, já que é orgânico e instintivo e, portanto, um importante canal mágico, não como uma finalidade em si próprio[21], mas como um instrumento de autoconhecimento e de contato com energias sutis.

Aquilo que as pessoas desejam na infância tem muito a ver com esse assunto, pois a criança ainda não está condicionada. A mesma coisa se dá com O Louco: por não ter encarnado, ele não entende nada da moral e das regras de nossas civilizações, todas temporárias e contraditórias em seus códigos.

Abaixo e entre as pernas do Louco está um lírio triplo que representa uma benção e uma purificação dessa sexualidade. Repare que os lírios retratam o ciclo — desabrocho, desenvolvimento e apogeu. Também duas crianças entrelaçadas, indicando o potencial gerador tanto físico quanto criativo, o que é sublinhado pela presença do crocodilo Sebek, símbolo egípcio de fertilidade, um Deus Quádruplo que representa os Quatro Deuses Elementais[22], e aquele que ajudou no parto de Hórus. As moedas dentro de um saco à sua esquerda posicionam no arcano tanto

20. Seja lá qual for o seu entendimento de "Deus". Crowley, dizia que "o ser humano cria Deus à sua imagem e semelhança".

21. Não que haja nada de errado em desfrutar do sexo como uma finalidade em si mesmo.

22. Que são: Ra/Fogo, Osíris/Água, Shu/Ar, Geb/Terra.

o elemento Terra quanto a encarnação a se manifestar — inerente ao personagem do Louco.

Enquanto nos demais baralhos O Louco tem a perna mordida por um cachorro, aqui quem tenta chamá-lo de volta à realidade é um tigre, animal preferido de Baco, ressaltando o caráter neopagão deste que é o Coringa dos Arcanos Maiores. O tigre retrata também um medo a ser superado. Este arcano é relacionado à Deusa Mout, esposa de Amon na tradição tebana, símbolo de receptividade e maternidade.

Número — 0

Zero, o não número, símbolo descritivo da ausência, o ponto onde os opostos de tocam, o bastão que compõe o caduceu, sendo as serpentes o 1 e o 2. Matematicamente, **0 = (+1) + (-1)**, o que mostra que esse número é a origem e o destino de todos os números, logo de todas as coisas. O número 0 é o sono, a morte, o transe, o desligamento do ser para que se concentre no não ser.

Astrologia — Ar

Este arcano é relacionado não a um signo ou planeta, mas ao elemento Ar, tradicionalmente o elemento da criação, da ideia, do pensamento e anterior à Terra (a ordem correta é Fogo — Água — Ar — Terra), ou seja, sendo a Terra a manifestação no plano objetivo-material, o Ar é a ideia dessa manifestação. O Fogo é o espírito, o mais próximo do intangível éter. A Água é o elemento da emoção que facilita a comunicação entre o intelecto criativo e o espírito que está tomando seus primeiros contornos. O Ar, dentre os elementos imateriais, é aquele mais próximo da matéria, conectando-a com os sentimentos do elemento Água, e é fruto da união de Fogo e Água. É um elemento *yang*, masculino, embora contenha a sutileza da mãe Água tanto quanto o cortante arrojo do pai Fogo. O reino vegetal se reproduz com o auxílio indispensável de insetos alados bem como do vento. Isso se liga à imagem do Louco como o homem verde, que personifica os fenômenos primaveris. Assim como as sementes flutuam no ar até encontrar um pouso receptivo no qual vão germinar, assim a alma errante do Louco vaga à cata de experiência de vida.

Letra Hebraica — Aleph א

Primeira letra/número do alfabeto hebraico, Aleph representa o ser humano universal, a terra receptiva, o boi que conduz o arado da terra que deitará frutos em forma de colheita. É uma das três letras-mães.

Caminho Cabalístico — 11 (Chokmah — Kether)

O Caminho da Inteligência Cintilante, de número 11. Os primeiros 10 caminhos assim chamados são as *sephiroth* já correlacionadas aos 10 Arcanos Menores de cada naipe. A partir do 11º surgem conexões entre essas *sephiroth*. No caso do Arcano 0, é a estrada que liga Kether, a Coroa (ápice da Árvore da Vida), a Chokmah, a Sabedoria. Os caminhos da Árvore sempre são de mão dupla, o que proporciona tanto a energia pura rumo à materialização (Kether — Chokmah) quanto o resquício do manifesto direcionando-se rumo ao caos brilhante e transcendental de Kether, sem forma ou contorno.

Este é um caminho de Ar, o que sugere que a essência humana é mental. A mente é o que difere os humanos dos demais animais. Nossa espécie é uma ponte/intervalo entre os demais animais e as divindades — somos as duas coisas e, ao mesmo tempo, nenhuma delas.

Luz

Total descompromisso, ausência de amarras ou convenções. Momento de chutar o balde, seguir os instintos, andar sem rumo, desenhar a própria rota a cada passo. Todo o potencial humano está neste arcano, e, como o próprio Crowley dizia, "não há Deus senão o Ser Humano". Logo, a mensagem desta carta é: seja radicalmente quem você é, não se preocupe com consequências, siga seu fluxo.

Sombra

Irresponsabilidade, inconsequência, descontrole. Não confunda "Faze o que tu queres há de ser tudo da Lei" com "Faça o que lhe der na telha e que se danem os outros". O ser humano *é* Deus, mas todos os outros também são — sim, inclusive aquela pessoa que você acha chata, feia e boba, e até mesmo aquele monstro abominável que cometeu tais e tais barbaridades; não há exceção — todo ser humano é uma estrela. Como resolver esse impasse é o grande enigma da humanidade. Cada um de nós é uma estrela, cada estrela tem sua órbita e cada órbita forma um universo. Você é um universo, seu próximo é outro. Por isso, regras e regulamentos são de fato, na prática, questão de foro íntimo, por mais que haja (e precise haver) leis e regulamentos sociais.

Claro que é difícil tantos "microplanetas" (seres humanos) conviverem tão de perto na Terra sem colidir. Portanto, se isso tiver de acontecer, que seja para um bem maior, quer dizer, conforme as leis da Natureza, que são variadas e de difícil classificação, o que aumenta o tamanho do quebra-cabeça. Não confunda espontaneidade com irreflexão.

Vida Profissional

A orientação deste arcano no âmbito do trabalho é ousar, sair dos padrões e regras, seguir a intuição, "dar uma de louco". A pureza dos atos será recompensada. Fazer por fazer. Não é o momento para atitudes estratégicas ou estudadas. Pensar demais embaça a mente. O fluxo de dinheiro é irregular, mas a tendência é tudo acabar se ajustando de maneira espontânea.

Vida Afetiva

Relacionamentos estáveis podem perder sua base, para bem ou mal, quando refletidos por este arcano. Ou o relacionamento se renova, ou se deteriora devido a rompantes de comportamento que resultam de desejos sufocados e palavras não ditas.

Vida Espiritual e Intelectual

Se a pessoa conseguir escapar da tendência à autoindulgência, este arcano se manifesta, por ser tão volátil, como um grande facilitador de compreensão de princípios abstratos. A aprendizagem se dá mais no âmbito de tentativa, erro e acerto do que pela análise fria e intelectual que o elemento próprio do arcano talvez sugerisse. No entanto, o estado do elemento Ar nele é primitivo; não engloba intelectualidade refinada, mas antes uma esperteza maliciosa.

Amizades

A inocência do Louco o torna aberto a todo tipo de relacionamento. Para as amizades é um personagem menos radical do que para os amores, sendo normalmente a amizade um tipo de relação mais descompromissada (logo mais espontânea, bem ao gosto do Louco) do que as relações de família e namoro/casamento. Pais e mães caóticos e peculiares, filhos incontroláveis e inusitados.

Perguntas

Do que você precisa se desfazer? Que medo você precisa enfrentar?

Sugestão

Aceite e assimile o inesperado.

Magia

O uso deste arcano em magia é recomendado quando se deseja favorecer surpresas, enfrentamentos, atos de ousadia e desprendimento.

Missão

Ver o mundo pelos olhos de uma criança, ou de um louco, ou de uma pessoa marginalizada.

I. O Mago

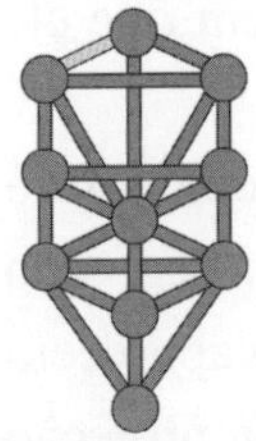

Árvore da Vida: De Kether a Binah

Número: 1 como símbolo de unidade (macho)

Descrição: Este arcano é o natural desenvolvimento do anterior, o início da manifestação, o primeiro arquétipo masculino (lembrando que O Louco não tem sexo nem gênero, muito menos identidade de gênero). É o princípio da fala, a comunicação, já que o verbo se correlaciona à existência ("o Verbo se fez carne"). Não à toa, O Mago assume aqui a forma de Mercúrio, mensageiro dos deuses e protetor dos ladrões; o mesmo que na Grécia chamavam de Hermes e, no Egito, de Thoth. Talvez pareça estranho para alguns que um deus tão comunicativo quanto mentiroso esteja na regência de um sistema oracular como o tarô. Mas a ambiguidade da vida real se reflete nos mitos (daí sua atemporalidade), e o tarô não escapa dessa dualidade — o baralho pode ser utilizado não só por um terapeuta ou por um estudante criterioso, como também por serviços de disque-tarô ou "videntes" ilegítimos e farsantes. Em outras palavras: pode ser o mensageiro dos deuses bem como o sofista.

O caduceu que circundava O Louco assume neste arcano um movimento ascendente e retilíneo que sugere energia fálica, masculina, direcionada. O Mago é um nômade egresso de lugar desconhecido, com todas as possibilidades em sua mão (note os quatro elementos materiais representados por naipes flutuando ao seu redor: a tocha é Fogo — Paus; a moeda abaixo, Terra — Ouros; a taça cheia de um líquido viscoso — que representa tanto esperma quanto placenta — é o grifo de Água — Copas; e a Espada, cujo elemento é Ar.

Acima de todos flutua o ovo órfico, a junção de masculino e feminino, a quintessência. O Mago é sobretudo um arquétipo de anunciação, publicidade, verbalização, como indica a pena de escrever (símbolo da Verdadeira Vontade) acima da mão direita do Mago e o papiro do lado oposto. Estes, estando sobre sua cabeça, fazem contraste com o macaco Hanuman, um deus hindu cuja função na engrenagem das coisas é distorcer palavras e fatos, enganar, falsificar. Também é conhecido como Hermanúbis, entidade composta de Hermes e Anúbis. Aí reside a maior dualidade do Mago, e de todo o baralho de tarô: a mensagem que ele transmite nunca é mentirosa, ainda que não seja verdadeira.

Quando você abre uma tiragem de tarô, sua compreensão do que as cartas indicam vai depender muito de sua atitude para consigo mesmo(a). Se você gosta de tapar o sol com a peneira, isso aparecerá nas cartas, e Hanuman lhe fará perceber todo o jogo como a projeção de seus desejos. Entretanto, se você tem algum distanciamento (ou seria melhor dizer proximidade?) com próprio "eu" e não usa — muito — a mente como forma de encobrir as evidências, Mercúrio entra em ação e revela os potenciais que você tem em mãos. Em ambos os casos, O Mago é mensageiro dos deuses, mas a qualidade da mensagem que você recebe vai depender muito de para qual divindade você fez sua pergunta.

As drogas excitantes são análogas ao Mago, bem como o aroma de gálbano. O báculo de Fênix que flutua em frente à mão direita do Mago é a confirmação de sua imortalidade e capacidade de ressurreição — outra ambiguidade, e outro jogo de palavras deste arcano, porque, mesmo morrendo, ele não morre nunca. Abaixo e dos lados está o Abismo. Mas O Mago olha para o alto, para cima, ele está apenas começando, ele quer ir além...

Número — 1

O início, o único, símbolo de masculinidade e projeção externa. O absoluto manifesto, em contraponto ao número 0 (o absoluto ainda não manifesto), originando, nas mais diferentes culturas e épocas, uma associação imediata com atributos *yang* de força, conquista e plenitude. Em certo sentido, é também um "não número", pois dele partem todos os outros (o próximo número, 2, é a divisão de 1 em duas metades). Descreve a unidade, logo, aquilo que é único, raro, original e sem par — daí ser um número de realeza e imposição.

Astrologia — Mercúrio

Apesar de ser o planeta mais próximo do Sol e o mais rápido, carrega em si a dicotomia de girar tão veloz em volta de si mesmo quanto do Sol, o que provoca o efeito de estar sempre com uma metade na sombra e no frio e a outra quente e luminosa. O símbolo do planeta também é sugestivo — o semicírculo forma um par de chifres que representa conexão com o mais alto, a inspiração divina. Esse semicírculo se encontra sobre um círculo, ou seja, o infinito por detrás da captação mental, o qual se sobrepõe a uma cruz, símbolo do homem material, que é o suporte do transcendental.

Letra Hebraica — Beth ב

Simboliza a casa, o lar, o interior da boca. Há uma grande polêmica acerca dessa atribuição feita por Crowley, já que tradicionalmente a letra Beth estaria relacionada à Suma Sacerdotisa (arcano seguinte), considerando-se sua conotação de interior, cavidade, atributos femininos. Entretanto, a ótica crowleyana é a de que o corpo em si é uma cavidade que comporta a alma. O corpo, ou seja, a matéria, é feminino, ao passo que a alma é masculina — o que explica a correlação entre Aleph e o arcano anterior, O Louco, o qual, como vimos, é uma alegoria da alma.

Caminho Cabalístico — 12 (Binah — Kether)

Este é o caminho da harmonização com a consciência universal, pois Kether se derrama sobre a *sephirah* do Entendimento, nomeando e distinguindo o real do irreal.

Luz

O Mago favorece quem lida com comunicação e facilita situações em que se necessite iniciar algo com ímpeto, determinação e sobretudo liderança, atributo essencial deste arcano. Indica sucesso na ação e implica uma atitude desinibida, fluente, cheia de jogo de cintura. Criatividade, dinamismo, realização — tudo isso como um início. Ganha-se a primeira partida, mas ainda há todo um campeonato pela frente; ainda está em aberto quem será o vencedor. Traçando uma analogia com o nascimento, o bebê é um vitorioso dentre os espermatozoides, aquele que venceu para chegar ao óvulo e ser gestado. Contudo, ainda terá todo um caminho quando sair do ventre materno.

Sombra

O Mago é amoral como uma criança. Falta-lhe maturidade para discernir os efeitos provocados por seus próprios atos, daí seu potencial manipulador, enganador, mentiroso, falacioso. Em seu pior aspecto, O Mago é como um malandro sedutor que gosta de brincar com tudo, agindo muitas vezes de maneira irresponsável.

Vida Profissional

Lida bem com todas as profissões ligadas à comunicação. A relação com dinheiro baseia-se em ganhar e gastar, não em guardar. É o momento em que as coisas começam a acontecer.

Vida Afetiva

Como representa personalidades individualistas, relações afetivas podem ficar em segundo plano, ainda que a contragosto, o que pode ser de fato necessário, dependendo do contexto. Mas, quando os outros entendem a necessidade que o número 1 tem de ser ele mesmo e priorizar seus projetos, o relacionamento tende a seguir em harmonia.

Vida Espiritual e Intelectual

O engano é oriundo da inexperiência juvenil e da ousadia típica da criança que mete o dedo na tomada sem saber o choque que vai levar. A experiência é necessária para o reconhecimento do sentido de perigo. Sob este arcano, a espiritualidade pede independência para ser saudável. Nenhuma outra carta pode ser menos dogmática no que tange à religião e aos hábitos do que esta, simplesmente porque O Mago está começando uma jornada. Estando no começo, O Mago ainda não teve oportunidade de formar hábitos e conceber opiniões, logo sua espiritualidade e sua intelectualidade são cruas.

Amizades

O momento favorece novos contatos, o fazer-se notar na sociedade como um todo, sobretudo por motivos profissionais. Amizades puramente afetivas excedem o âmbito deste arcano. O Mago funciona como um espelho: se o que projetamos é simpatia sincera, é isso que receberemos de volta. Quem age de modo deliberadamente falso acaba sendo alvo de ultrajes do mesmo tipo. Os melhores mentirosos são aqueles que acreditam na própria mentira, e a mentira faz parte da vida em sociedade — se você tem dúvida, tente responder de modo franco e literal ao cumprimento diário "Como vai, tudo bem?" e tire suas próprias conclusões.

Pergunta

Quais são seus talentos e como você pode explorá-los ao máximo?

Sugestão

Faça. Aja. Tome a iniciativa. Não deixe passar a chance. Crie a chance.

Magia

O uso deste arcano em magia é recomendado quando se deseja favorecer seu valor pessoal e suas habilidades sociais para trazer inspiração e liderança com humor.

Missão

Fazer. Iniciar. Dar o primeiro passo. Ter coragem e criatividade, com energia e alegria.

II. A Suma Sacerdotisa

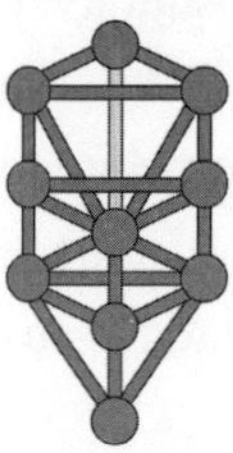

Árvore da Vida: Conexão entre Kether e Tiphareth

Número: 2 como símbolo de dualidade (fêmea)

Descrição: É a exaltação do feminino em contraponto ao falicismo do arcano anterior. Uma mulher de olhar ao mesmo tempo vago e penetrante olha para a frente com os braços abertos, dos quais se forma um véu de tonalidades entre verde e azul. Sobre sua cabeça está o disco solar envolvido pelos mesmos chifres que antes apareceram na cabeça do Louco e no símbolo planetário de Mercúrio no arcano O Mago.

Em seu colo, arco e flecha sugerem que, em última instância, pode haver violência, ainda que A Suma Sacerdotisa prefira conseguir as coisas pela delicadeza. A seus pés, os frutos da terra — sementes, cristais, alimentos, flores. Esta é Ísis, a Grande Deusa, a Mãe Terra pagã. Aqui neste baralho se manifesta como a grega Ártemis, uma deusa combativa, espiritualizada e virgem associada ao culto lunar, à feitiçaria e à proteção da sutileza feminina em contraste à rudeza do macho.

Associa-se também a Diana, deusa caçadora e, por mais paradoxal que pareça, protetora da natureza. Não é sedutora, mas é maternal. Não é agressiva, mas é resoluta. É introspectiva e não revela nem a metade do que sabe, observa muito e comenta pouco, age de maneira discreta e intuitiva. O pequeno camelo na base da carta indica a capacidade de armazenamento: o camelo guarda água em grandes proporções no organismo, o que o habilita a longos períodos no deserto. Note que Água é o elemento relacionado à Lua, correspondência astrológica da Suma Sacerdotisa. Repare também que o camelo é a representação da letra hebraica Guimmel. Para os hindus, é Chandra.

A Suma Sacerdotisa abrange o arquétipo da feminista, que, por sua vez, é próximo ao arquétipo da bruxa. Para os egípcios, era Ísis. Para os gregos, ela assumia várias formas — Hécate, a feiticeira; Selene, a jovem que percorre os céus noturnos em um carro prateado puxado por dois cavalos; Diana, a virgem protetora dos partos; e Prosérpina, senhora do reino dos mortos junto a Plutão. Para o catolicismo, é a Virgem Maria, uma representação da Grande Deusa adaptada aos cânones cristãos. Crowley cita zimbro e poejo como substâncias associadas ao arcano, ao lado de aromas como cânfora, aloé e sangue menstrual.

Número — 2

Assim como a deusa pagã é maliciosamente associada ao demônio pelas religiões da Era de Peixes/Osíris, da mesma forma o número 2 foi por muito tempo considerado diabólico, pois seria o "destruidor" da deidade. Afinal, se 1 é Deus, 2, sendo o fracionamento de 1, seria também seu diluidor e destruidor, culpado e responsável pela dualidade em que vivemos, a qual é o contraste imediato à una perfeição do paraíso ou Nirvana. Essa concepção evidencia sua defasagem quando notamos que uma deidade onisciente e todo-poderosa (no sentido de ser mãe e pai de tudo o que há) não se deixaria destruir por aquilo que dela própria descende, a não ser que fosse essa Sua própria vontade.

Como 2 é símbolo da mulher, é importante compreender esse número como o alongamento do 1, sua sombra que tanto acalenta para o sono quanto assusta, tanto conforta quanto trama. O número 2 explicita a dualidade e a ambiguidade de todas as coisas que O Mago traz por dentro.

Astrologia — Lua

Mulher, filha e/ou irmã do Sol, seu complemento e contraponto. O Sol expõe, a Lua esconde. Representa a infância, o inconsciente, a ilusão, o sentimento. Um de seus lados está sempre no escuro, gerando analogias quanto ao segredo que esconde. Rege as águas e as colheitas.

Letra Hebraica — Guimmel ג

Letra dupla e feminina representada por uma virgem, corresponde ao nosso G e significa “camelo”. Correlaciona-se também à garganta humana, a toda ideia de criação e expansão. Parte, contudo, de algo já existente, ao contrário da criação absoluta, tanto de forma positiva quanto de forma negativa, dos arcanos anteriores, sendo deles uma continuidade. Ao se referir a esta letra em seu livro 777, Crowley adverte que o Sagrado Anjo Guardião é alcançado através de autossacrifício e equilíbrio.

Caminho Cabalístico — 13 (Tiphareth — Kether)

O camelo Guimmel atravessa o Abismo, ou seja, o deserto situado acima da Beleza (Tiphareth) e da Coroa (Kether). Esse caminho é chamado de Inteligência Que Une, por reunificar e preencher o Vazio Abismal onde mora Choronzon, o demônio da linguagem, a garganta que pode expressar a salvação ou a danação. Como diz o ditado, “o peixe morre pela boca”, mas a Era de Peixes já acabou — está, no máximo, agonizando. No entanto, as eras podem ocorrer de forma simultânea. Há povos que já estão no século 21, mas há sociedades que ainda estão na Idade Média, ou mesmo povos que ainda vivem na pré-história como caçadores e coletores, por exemplo, os sentineleses[23].

Luz

Favorece estados passivos, receptivos, introspectivos. A melhor experiência a ser vivida sob a égide deste arcano é a do encontro com a própria fonte interna de criatividade e sentimento, para que do fundo essa fonte se expresse como um gêiser por meio do arcano seguinte, A Imperatriz, que exterioriza os traços sutis da Suma Sacerdotisa.

É essencial buscar uma conexão com sua voz interna, e a feminilidade natural do ser deve ser instigada, deixando gênero e genitália à parte. A intuição agora vale mais do que o pensamento racional. Não é questão de perder o bom senso, mas de não ir contra os próprios instintos.

23. Povo indígena da Ilha Sentinela do Norte.

Sombra

Depressão, fragilidade extrema, prostração, delírios de ilusão, pessimismo, a fragilidade do ser humano e suas fugas, além de superstições, ciúmes, posses, intrigas ocultas e insegurança.

Vida Profissional

Favorece a lida com frutos da terra, alimentos e líquidos em geral. A atitude típica da Suma Sacerdotisa é a de eminência parda, a colaboradora, a parte associada. Nada se dá com muita rapidez nessa atmosfera. O ambiente e o momento sugerem fertilização, preparação. É preciso sentir o espaço.

Vida Afetiva

Eis o domínio do Arcano II: as relações amorosas, os vínculos da emoção. Pode haver algum tipo de comportamento pegajoso ou gente hipersensível se magoando por qualquer coisa. Mas sempre existe um leque de fascínios ocultos guardado, assim como Sherazade tinha uma história diferente reservada para cada ocasião.

Vida Espiritual e Intelectual

A Suma Sacerdotisa está intimamente associada ao oculto e passa longe do intelectualismo. Uma bruxa dispensa explicações lógicas. A intuição é o ponto alto de sua lógica irracional. A relação com a Natureza (a despeito de morar na cidade grande, em uma cidade pequena ou no interior) é o fundamento de suas peculiares sensações transcendentais. Ela até pode ser bem supersticiosa, como uma feiticeira vulgar. O paganismo — culto à Mãe Natureza — em suas várias formas seria o linguajar religioso típico da Suma Sacerdotisa. O estudo aqui se dá antes como instrumento de fundamentação da intuição do que como intenção em si pelo que é.

Amizades

Os relacionamentos refletem um esquema paternal/maternal com raízes muito fortes (amizades de infância etc.). O potencial romântico é subliminar; as amizades, discretas, baseadas em sintonia natural; e os afetos, profundos, mas não sempre frequentes.

Pergunta

Você acredita na sua intuição?

Sugestão

Esteja perto da água. Use água em suas visualizações e meditações. Tome banhos de limpeza não apenas física mas também mental, emocional e espiritual.

Magia

O uso deste arcano em magia é recomendado quando se deseja favorecer a conexão com a própria intuição.

Missão

Sentir, intuir. Pausar. Influenciar com sutileza. Colaborar.

III. A Imperatriz

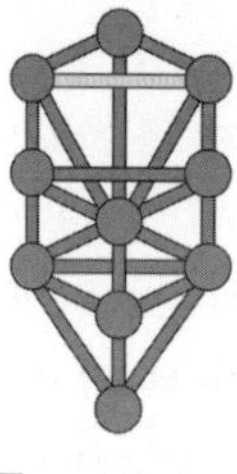

Árvore da Vida: O eixo entre Chokmah e Binah

Número: 3, a combinação de contrastes em uma unidade

Descrição: Há semelhanças importantes entre esta carta e a anterior. Em ambas as lâminas, predomina uma tonalidade verde azulada, e o personagem é mais uma vez uma mulher. Enquanto A Suma Sacerdotisa é a Mãe Universal, A Imperatriz é a Mãe Humana. Em muitos baralhos este arcano mostra uma mulher grávida, e no Tarô de Thoth a sugestão à maternidade também está presente: repare abaixo, à esquerda, no pelicano fêmea cor-de-rosa com seus filhotinhos. Essa ave, segundo a lenda, não tendo nada para dar de comer às suas crias, bicou o próprio peito e deu da própria carne para alimentá-los.

A Imperatriz funciona como uma ponte entre o mundo espiritual da Suma Sacerdotisa e o mundo de rigorosa materialidade do Imperador, arcano do qual é o polo complementar. Ao se relacionar com O Mago, A Suma Sacerdotisa se desvirgina e se torna uma Imperatriz vaidosa, grávida de filhos e ideias, símbolo vivo de celebração da fertilidade da

Natureza. Sua coroa compõe-se de chifres em forma de meia-lua e de uma esfera — o infinito espiritual — sobre uma cruz de malta. A cruz sobre o círculo afirma a supremacia da matéria sobre o espírito, ao contrário do arcano anterior. Observe que a coroa da Imperatriz é a mesma que a da Suma Sacerdotisa, acrescida da cruz. Isto confirma ser aquela uma continuidade desta, sua manifestação em um plano mais denso.

Na mão direita da Imperatriz, o lótus de Ísis evoca o lado feminino da espiritualidade, pois sua receptiva forma de cálice remete à polaridade *yin* da Natureza. As duas luas indicam o desdobramento da mulher em duas ou várias. Em muitas tradições, considera-se que as mulheres têm uma conexão com a influência lunar — vide o ciclo menstrual. Não há conflito entre as luas opostas, que antes se equilibram uma na outra sem qualquer tensão.

Ladeando a Imperatriz estão dois pássaros sagrados de Vênus, o pardal e a pomba, e sua universalidade é indicada no cinto decorado com os 12 signos zodiacais e na roupa com o bordado de abelhas. Atrás dela, o portal enfatiza a letra associada, Daleth.

Ao fundo se encontra um dos picos do Himalaia, onde residem Shiva e sua companheira Parvani. Pétalas de lótus se espalham pelo chão. Em volta, chamas azuis a aquecem. Aos seus pés está o escudo com uma águia de duas cabeças (que representa a Tintura Branca dos alquimistas, bem como o Sal Alquímico).

A Imperatriz é uma mulher plena, geradora, que preenche todo seu ambiente, toda geratriz e envolvente. Outra diferença entre este arcano e o que lhe antecede é que aqui se lida com o sentimento mais que com a intuição.

O arcano é associado à deusa egípcia Hathor, corruptela grega de Het-Hert e Het-Haru, que significam, respectivamente, "A Casa Acima" e "A Casa de Hórus", identificando-a como uma deusa do Céu, o que faz dela uma das formas de Nuit. As drogas afrodisíacas são características deste arcano, assim como o aroma de sândalo.

Número — 3

O Deus sacrificado (ou seja, o 1 bipartido em 2) dá início, assim, à Matemática da Existência, o Eterno Desdobramento: de 2 se fazem 3, portanto 3 é a tentativa de reunificação do Unitário. Isto naturalmente produz mais um número ímpar, com semelhanças no que diz respeito ao 1, mas dotado da sensibilidade infantil. Como um filho, soma características do pai e da mãe. É o número da criança, da geração. A Divina Trindade.

Astrologia — Vênus

Todas as histórias de amor e paixão se desenrolam sob a egrégora de Vênus, planeta que pode ser visto a olho nu nos céus ora como estrela matutina — os gregos antigos o chamavam de Lúcifer, Portador da Luz —, ora como estrela vespertina. Como a Lua, tem fases e sua rotação é contrária à da Terra. Sendo o oposto de Marte (seu par), rege tudo que é belo e prazeroso. O símbolo de Vênus é a coroa da Imperatriz de ponta-cabeça, cuja estrutura remete ao *ankh* egípcio e à Árvore da Vida.

Letra Hebraica — Daleth ד

O título desta letra é A Esposa e também é conhecida como O Portal do Equilíbrio do Universo. Simboliza nutrição, seios. É uma letra feminina.

Caminho Cabalístico — 14 (Binah — Chokmah)

Representa a reunião dos princípios masculino e feminino primordiais. É horizontal, equilibrante, está acima do Abismo, entretanto não tem mais contato direto com a luz de Kether. É o caminho que sintetiza o princípio da sexualidade, que é reconectar.

Luz

Sua beleza facilita o desfrute da fartura. É um período de alegria, boas relações, muitas ideias novas, proximidade com jovens ou crianças, gestação de criança ou projeto. É necessário nutrir esta Imperatriz com bons tratos, certo luxo ou no mínimo um apurado senso estético. O afeto e a sedução também devem ser canalizados (amor sob vontade), para não gerarem uma sombra indesejável e desproporcional.

Sombra

Dois grandes problemas da Imperatriz são sua futilidade e o sentimentalismo invasivo típico das supermães. Ou seja, ruim é quando A Imperatriz resolve prevalecer em reinos que não lhe pertencem, mesmo quando isto se disfarça de superproteção afetiva. No final, tudo resulta em manipulação.

Vida Profissional

O maior talento da Imperatriz é cuidar, prover, criar e gastar. Não é econômica, ainda que nada desperdice — a tudo aproveita, mas sem ser sovina nem medíocre. Favorece os ramos de decoração, moda e artes, bem como de culinária *gourmet* e animais de estimação, portanto trabalhos artísticos em geral.

Vida Afetiva

Este arcano existe em virtude da família e dos relacionamentos amorosos, não só por necessidade afetiva, mas também por estratégia social e pessoal. Pode indicar uma pessoa que força a barra, que dramatiza demais as coisas sem, contudo, levá-las tão a sério quanto deveria. Mas esta é sua forma de se expressar, inevitavelmente carregada nas tintas do arquétipo feminino materializado como terra e planta e bicho, inclusive o animal humano.

Vida Espiritual e Intelectual

A mesma capacidade de contemplação que proporciona a inventividade pode se degenerar em luxúria. A Imperatriz se aproxima naturalmente apenas daquilo que a conforta em termos estéticos ou afetivos. Daí que sua espiritualidade só desabrocha quando cercada por esses atributos. Em certo sentido, o cristianismo seria dotado de ambos: a estética majestosa de igrejas e do Vaticano é bem venusiana, e o discurso de amor ao próximo e caridade, ao menos em tese, preencheria o quesito "afeto". Não cabe aqui discutir o quanto a prática possa diferir da teoria, já que esta última serve ao exemplo.

Quanto aos estudos, A Imperatriz é mais contemplativa do que observadora, o que torna a assimilação de conhecimento um processo inconsciente.

Amizades

A propensão a superproteger os amigos pode fazer da Imperatriz um ser tão simpático e acessível quanto superficial e carente. Ela tem autoestima elevada e costuma ser benquista, mesmo assim precisa agradar mais e mais gente, conquistar gregos e troianos. Seu Império é de Vênus — amor, beleza, sedução. A Imperatriz quer casar-se com o mundo todo, quer ser mãe de todos; ela é como uma abelha-rainha. Sua vontade de agradar não faz dela um personagem submisso, sua dignidade de imperatriz é inegociável.

Pergunta

Existe alguma mulher em sua vida com quem você acha que pode aprender algo?

Sugestão

Crie, invente. Cuide, gere. Cultive a beleza, desfrute do belo.

Magia

O uso deste arcano em magia é recomendado quando se deseja favorecer a fertilidade, a maternidade, a geração.

Missão

Criar algo. Gerar. Produzir a visão de sua mente.

IV. O Imperador

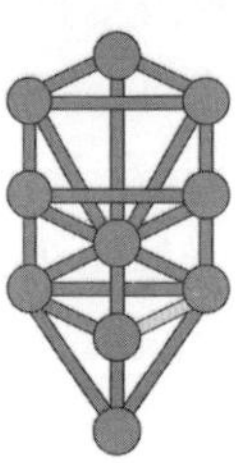

Árvore da Vida: O eixo Netzach — Yesod

Número: 4, realidade concreta, estrutura básica

Descrição: Até agora, nas figuras das lâminas predominavam tons de azul, verde e amarelo. Quando nos deparamos com O Imperador, sentimos a força de sua emanação pelos tons alaranjados e vermelho vivo. Ele é o contrário exato da Imperatriz: ela mantém seu escudo do lado esquerdo (lado *yin*), ao passo que o do Imperador se encontra do lado direito (*yang*); ela é circundada por duas luas em plano inclinado, e ele por duas moedas em plano reto; ela olha para a esquerda, e ele para a direita. Ela reproduz com o corpo o símbolo do Sal Alquímico, enquanto ele representa o Enxofre[24].

24. O uso da letra maiúscula inicial indica um princípio alquímico (um nome) antes que o mero elemento químico.

A esfera com a cruz de malta, coroa da Imperatriz, é o único traço feminino neste arcano e se encontra na altura da virilha, ressaltando a essência sexualmente dominante desse Imperador autoritário, colonizador, sólido, imponente, materialista. Ele representa o poder abrangente e absolutista, o princípio do poder político, material, paterno.

O cetro com a cabeça de carneiro e dois desses animais ao fundo confirmam que o objetivo do Imperador é submeter, mandar, direcionar. Para os romanos, ele é Marte e Minerva; para os gregos, Ares e Atena; na Índia ele é Shiva em seu aspecto de início e construção, para acabar no Arcano XVI (4 × 4) como a manifestação da destruição. O Imperador é um homem de estratégias, calculista, objetivo. Ele tem o poder tanto de consagrar quanto de cristalizar as coisas.

Este arcano também tem conexão com Ísis, a Grande Mãe, demonstrando a ideia pagã segundo a qual por detrás de todos os líderes e homens fortes há uma Deusa Provedora. As drogas excitantes, como o café e tantas outras, são relacionadas a este arcano.

Número — 4

Número de organização, estruturação, economia. O quadrado, os quatro elementos materiais (Fogo, Água, Ar, Terra). O grande formador e limitador dentre os números, aquele que reprime e é reprimido, mas de cuja disciplina se prescinde para dar continuidade ao trabalho do 0, que se inicia em 1, se desenvolve em 2, brota em 3 e se estabelece em 4. As quatro direções básicas. Os quatro pés da cadeira, os quatro cantos da sala.

Astrologia — Áries

É o primeiro signo — do primeiro mês do calendário pré-cristão. Áries representa combate, confronto, impulso, imposição da personalidade. Há tendência a querer se provar, se validar e prevalecer.

Letra Hebraica — Tzaddi ה

O Esposo arquetípico. Significa "anzol" em hebraico; mas a raiz TZ, em sânscrito, significa "cabeça", sendo a cabeça e o rosto os símbolos do Imperador — haja vista a tradição de esculpir bustos de homens célebres. Tzaddi equivale, no alfabeto latino, a T e Z.

Caminho Cabalístico — 28 (Yesod — Netzach)

Promove o aperfeiçoamento de tudo que há sob o Sol. Conecta o fundamento à vitória. Assim como o Caminho 14, relacionado à Imperatriz, promove a reunião dos polos, estando, contudo, o 28o Caminho abaixo do Abismo — o que endossa a qualidade concreta do Arcano IV.

Luz

O Imperador implica aquisição de poder, sendo importante ressaltar que essa aquisição vem do embate. Este não é um arcano de delicadezas ou covardia. Ele reflete um momento em que urge se afirmar nos campos social, profissional e material. É a construção de um porto seguro. A reação enérgica a qualquer ameaça.

Sombra

A rigidez excessiva de métodos pode levar à truculência, e o poder se corrompe com facilidade. O Imperador é um obstinado, e na maioria das vezes acha que sua vontade é a vontade de Deus sobre a Terra. E está certo. O problema surge ao esquecer que todos os outros seres humanos são deuses como ele, cada um ocupando o lugar que lhe cabe no Olimpo do Cosmos.

Vida Profissional

Este é o domínio do Imperador, onde ele mais exerce sua competitividade. O prazer que ele tem em conquistar prestígio e dinheiro é quase que sexual; esse tipo de conquista reafirma sua personalidade masculina e machista. Comandantes de todas as espécies, diretores, líderes e funções do tipo são as profissões (ou condições de trabalho) do Imperador.

Vida Afetiva

Como O Imperador representa o esposo e o pai arquetípicos, nada mais confortável para ele do que ser o provedor de cônjuge e filhos. Mas que não se esperem dele muitas demonstrações de afeto. O Imperador o demonstra por meio da segurança material e da proteção física que ele proporciona. E estas são diretamente condicionadas ao reconhecimento do posto que ele assume, que lhe traz profundas responsabilidades, mas também lhe dá o direito de ditar as regras — ou pelo menos é isso que ele entende, e age como tal.

Vida Espiritual e Intelectual

Aqui o lado espiritual se liga ao poder temporal. O Imperador nunca deixa de ser político em suas interações sociais e profissionais e precisa sempre de alguém que lhe explique o mundo espiritual — o que é um grave defeito e até mesmo seu ponto de vulnerabilidade. Daí surge a necessidade do arcano posterior.

Amizades

São baseadas mais no convívio profissional e na troca de interesses. Claro que um Imperador sempre tem um homem de confiança, mas muitas vezes são justamente estes que assassinam imperadores (vide o Imperador Juliano).

Pergunta

O que é preciso estruturar? Como expandir seus domínios?

Sugestão

Observe as hierarquias sem perder o senso crítico nem o arrojo.

Magia

O uso deste arcano em magia é recomendado quando se deseja estabelecer a própria autoridade por meio de conquistas.

Missão

Estabelecer seu reino. Iniciar seu reinado. Manter seu poder.

V. O Hierofante

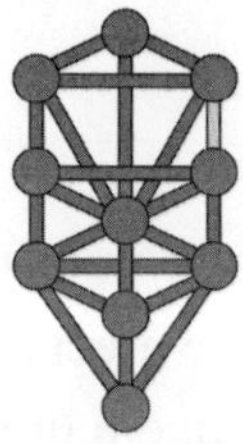

Árvore da Vida: De Chokmah a Chesed

Número: 5, a quintessência, o poder além dos quatro elementos

Descrição: É representado por um homem maduro, forte, parecido com o busto de um filósofo grego, mas com vestimenta sacerdotal. É certamente um osiriano e um cultor do exotérico[25]. Sua túnica laranja lambe o chão. Com a mão esquerda, extrai desse chão a energia telúrica representada pelo touro que o circunda e retrata o aspecto animal dessa personalidade voltada externamente para o espírito. Na mão direita, um cetro terminado em três círculos entremeados simboliza a neutralização e o aperfeiçoamento da matéria bruta telúrica captada. Esse cetro também indica as três grandes eras: o Éon de Ísis (Era Pagã); o Éon de Osíris (Era Cristã); e o Novo Éon (ou Nova Era).

No interior do Hierofante está a criança do Novo Éon, representando a consciência da Verdadeira Vontade, expressa no pentagrama, símbolo clássico da magia, que se irradia do plexo solar. Aos pés do Hierofante, há uma mulher portando a espada na mão direita e a Lua na esquerda, uma alegoria do lado feminino do próprio sacerdote, além de referência à postura de não resignação da mulher do Novo Éon.

O Hierofante é não apenas o sacerdote mas também o padre, o pai de santo, o pastor, o monge, aquele que conduz o ritual. Ele tem a função de iniciar, de ser o condutor dos Mistérios, porém pode se tornar um manipulador. Dá para perceber o sorriso do Louco neste Hierofante, o que confere ao religioso um traço de ironia que tanto pode simbolizar o cinismo fanático quanto a consciência de que o verdadeiro Mistério é interno, e não externo — como pode parecer a partir de sua própria função de tradutor dos Mistérios.

25. Exotérico refere-se ao conhecimento externo, enquanto o conhecimento oculto é chamado de esotérico. As duas são palavras homófonas, ou seja, têm a mesma pronúncia (|zò|), mas grafias e significados diferentes.

O Hierofante sabe que essa tradução é virtual, já que, na prática, tais Mistérios só podem ser compreendidos em nível individual, e não coletivo. Cada indivíduo tem seu próprio metabolismo. Toda pessoa, independentemente de gênero, é uma estrela que gira em sua própria órbita, com seu próprio tempo e sistema, livre de comportamentos coletivos uniformizados. O Hierofante sabe que a padronização do pensamento de manada, a imposição do coletivo sobre o individual, é um fenômeno que ainda existe de forma quase inevitável no plano material, e, por saber disso, ri da sua piada interna.

O arcano do Hierofante é associado a Osíris, o deus da morte e dos mortos[26], irmão de Set, Nephthys e Ísis (também sua esposa); filho de Nuit e Geb; pai de Hórus e de Anúbis. Osíris foi quem governou o mundo após Ra abandonar a função para dedicar-se ao comando dos céus. Foi então assassinado por seu irmão Set, mas Ísis, usando sua magia, conseguiu trazê-lo de volta ao mundo dos vivos. Decidido a vingar o pai, Hórus mais tarde viria a expulsar Set para o deserto do Saara. O culto osiriano sempre foi forte no Egito, sobretudo até a 18ª Dinastia. De acordo com Crowley, a droga relacionada ao arcano é o açúcar; e o aroma, estoraque.

Número — 5

Número do pentagrama, representa mudança, agilidade, sexualidade. Todo sacerdote, seja de que religião for, tem o sexo como ponto essencial de seu trabalho, seja pela abstinência, como no caso de padres e monges, seja pelo uso consciente do ato sexual para expandir a consciência, ou fazer uma oferenda aos deuses, ou praticar magia. Precedido pela rigidez do 4, o número 5 indica o chamado dos apetites e prazeres mais elementares.

Astrologia — Touro

Signo realista e prático, Touro é a conservação dos padrões materiais, assim como O Hierofante luta para manter os padrões espirituais, em uma tentativa de materializá-los e cristalizá-los.

---

26. Segundo o mito, Osíris foi o primeiro ser vivo morrer.

Letra Hebraica — Vau ו

Significa prego e representa a alma sendo "pregada" na carne como um prego na parede. É o redentor; uma letra solar, portanto masculina. Sua cor é alaranjada. O ponto de união entre o ser e o não ser.

Caminho Cabalístico — 16 (Chesed — Chokmah)

O paraíso da volúpia à espera dos justos (note a conotação erótica a se repetir). Ponte entre Misericórdia e Sabedoria, Caminho da Inteligência Triunfal, semente da personalidade individual.

Luz

Alguém pode servir de ponte para que você descubra algo importante ou a ponte poderá ser você. Existe um processo de descoberta da própria religiosidade, um novo pensamento, um crescimento no plano sutil que se dá em grupo ou sob intensa troca de influências individuais. Favorece experiências espirituais, contanto que se evitem os aspectos sombrios a seguir.

Sombra

Deixar-se levar por uma liderança espiritual é um grande e frequente equívoco, mas talvez seja um equívoco necessário para a maior parte das pessoas. Todavia, é preciso cautela para não se deixar hipnotizar por dogmas que levam a pessoa a tirar de si a responsabilidade sobre suas decisões, terceirizando a própria vida.

Vida Profissional

Psicólogos, parapsicólogos, astrólogos, tarólogos, numerólogos e outras atividades semelhantes estão sob a égide do quinto arcano. Cuidado para não cair na armadilha do aspecto cínico do Hierofante que se apresenta em ilusões de previsão de futuro, espetáculos de "mediunidade" etc. Isso vale para terapeutas: cuidado para não manipular subliminarmente seus clientes. E vale também para os pacientes, que não devem se deixar manipular por maus profissionais.

Vida Afetiva

O amor aqui é morno, a fervura ainda está por vir no próximo arcano. Há estabilidade no casamento, mas sem paixão; uma harmonia rotineira, um relacionamento carinhoso, mas de baixa libido.

Há uma hipocrisia inerente a este arcano que pode indicar práticas sexuais problemáticas ou consideradas tabu. A família se mantém estruturada, porém desprovida de maior profundidade no relacionamento.

Vida Espiritual e Intelectual

Como se trata de um arcano que se refere especificamente à espiritualidade, cabe ressaltar mais uma vez que a melhor face do Hierofante é a de facilitador, e não de dogmático. É o momento de ganhar conhecimento, grande capacidade de assimilação, mais até do que de aprendizado; de receber uma informação, reprocessá-la e ensiná-la com mais beleza. Contudo, o personagem central deste arcano tem mais estilo do que sabedoria, mais esperteza do que conhecimento. O Hierofante é teatral, até porque ele é sobretudo o condutor externo de um rito, de um cerimonial, e todo ritual exige atuações teatrais. Essa característica não é intrinsicamente boa ou má.

Amizades

As amizades nascem dentro do grupo da igreja, do centro espírita ou mesmo de algum clube, grêmio ou associação. O Hierofante não é um solitário, e é por isso que seu conhecimento dos mistérios vai até certo ponto, já que a solidão é uma etapa necessária ao processo iniciático na qual ele ainda não mergulhou.

Pergunta

A quem você recorre quando precisa de orientação espiritual?

Sugestão

Aceite orientação de quem tem vivência e sabe melhor.

Magia

O uso deste arcano em magia é recomendado quando se deseja ser o líder do ritual e exercer influência espiritual sobre outros.

Missão

Buscar as verdades dentro de si.

VI. Os Amantes

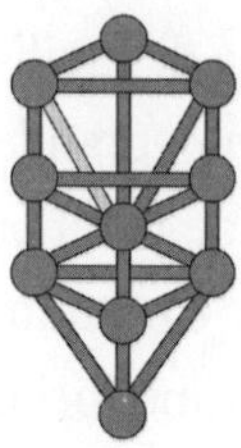

Árvore da Vida: De Binah a Tiphareth

Número: 6, combinação de opostos mutualmente adentráveis

Descrição: Eis o arcano dos contrastes e do encontro com a dúvida. Um príncipe negro encontra a princesa branca. Olhando com atenção, é possível perceber nela a coroa da Imperatriz e nele a do Imperador. Ele carrega na mão a lança, símbolo de masculinidade; e ela segura a taça, símbolo feminino. A criança negra armada com o bastão que há dentro da princesa branca (ou seja, seu *animus*) segura a lança do príncipe, e novamente o inverso se espelha na criança clara como prata a ladear o príncipe (sua *anima*), sustentando em uma das mãos a taça da princesa e na outra um ramalhete de flores. Essas crianças do imaginário pisam nas asas do ovo órfico alado, uma alegoria da união das polaridades. Ao lado e atrás do príncipe, um leão vermelho marca a presença alquímica do Enxofre; e sua contraparte é a águia branca, que representa o Sal.

O contraste e a dúvida também estão na divisão do caminho em dois, um conduzindo a Lilith (alto, à esquerda) e outro a Eva (à direita). Uma das duas faces da mulher é Lilith, desinibida, nua, sedutora, disponível; e a outra é Eva, pudica, os seios cobertos, mas a vagina não — ela é ambígua e coquete, enquanto Lilith diz a que veio e o que quer.

Há duas figuras singulares no desenho, que são o Eremita (sim, o mesmo que aparece no arcano homônimo) e o Cupido, sendo este o que provoca a sensação da paixão e da dúvida, enquanto o Eremita é aquele que realiza o casamento hermético. Várias lanças cruzando o fundo representam não só as ideias que se manifestam neste arcano de despertar e criatividade, mas também os obstáculos futuros.

Este arcano simboliza o natural despertar para a necessidade de complementação e a dúvida sobre onde se encontra esse equilíbrio tão delicado. O centeio é tido como a droga ligada ao arcano (do centeio se fazem cerveja e uísque, e do fungo que causa a doença chamada ergotismo), assim como o aroma de absinto.

Número — 6

Símbolo de equilíbrio e harmonia, mas também de hipocrisia, está associado a Tiphareth, ponto focal de beleza na Árvore da Vida, o trânsito entre o triângulo positivo (consciência divina ascendente) e o triângulo negativo (consciência divina descendente). A indecisão é uma das características de 6, justamente por sua tendência a ver o lado bom e o lado ruim de tudo.

Astrologia — Gêmeos

É um signo ambíguo, de contrastes e de formação de laços. Seu símbolo, duas colunas paralelas, pode representar tanto um portal quanto duas diferentes opções. Gêmeos engloba a necessidade de comunicação como fonte de divisão. Geminianos costumam expressar suas opiniões e compartilhar seus problemas com naturalidade, o que às vezes pode chocar pessoas de natureza mais reservada, que se sentem invadidas.

Uma tendência deste signo é ter muita inteligência mas pouca profundidade, daí sua constante busca por conhecimento, a qual se torna superficial devido à urgência de resultados dos nativos de Gêmeos. Nephthys e Ísis, irmãos gêmeos, são associados a este arcano, bem como todos os deuses duplos.

Letra Hebraica — Zain ז

Correlacionada com o Z de nosso alfabeto, representa o esforço direcionado a um objetivo definido; a análise intelectual, que é como uma espada cortando dúvidas com sua lógica, algo acurado e bem delineado.

Em 777, Crowley faz um curioso comentário sobre esta letra: "A resposta dos oráculos é sempre Morte".[27]

Caminho Cabalístico — 17 (Binah — Tiphareth)

A união entre o Entendimento e a Beleza predispõe à fé, condição necessária para o recebimento do Espírito Santo. A fé em qualquer coisa leva à sintonia com uma determinada egrégora, por menor que ela seja. Trata-se de um processo muito particular e desvinculado de qualquer fé ou dogma.

Luz

A possibilidade de decidir, em si mesma, já provoca alguma evolução, seja qual for a escolha. Escolher é fazer o destino, e este arcano prevê que o futuro é imprevisível. Tudo dependerá da sua escolha, bem como acontece em um jogo de RPG, com várias opções que levam a outras várias opções, e assim por diante, indefinidamente, como em um fractal. Nesse momento, é melhor decidir com o instinto.

Sombra

A indecisão que paralisa é pior do que decidir mal, pois a má escolha ensina de modo mais imediato do que a não escolha. O não ensinamento é um ensinamento sob certo prisma: ao não aprender nada, se aprende a necessidade de aprender. Não é um jogo de palavras, mas sim um princípio fácil de se verificar.

O fato é que a não ação[28] é uma estratégia lenta de aprendizado para o Novo Éon em que já vivemos. É como comunicar urgências por carta em pleno século 21.

Vida Profissional

Este arcano é tipicamente mais focado em assuntos afetivos. No entanto, se a relação com o trabalho for de vocação e entrega, pode

---

27. Meu instrutor na Santa Ordem, Euclydes Lacerda, escutou de um candidato à iniciação, logo antes da cerimônia, a pergunta: "O que de pior pode me acontecer na iniciação?". Euclydes respondeu tranquilamente: "O pior que pode acontecer é você morrer". (Nota do autor)

28. No taoísmo, *Wu wei* é um conceito central dessa filosofia do Velho Éon, cuja lei é a da inércia perante a natureza. Observe que isso é justamente o contrário da lei do Novo Éon, que é *fazer*.

haver indecisão entre duas ou mais possibilidades interessantes de trabalho. Também sugere uma situação em que favores amorosos seriam retribuídos em forma de desenvolvimento profissional. É algo que acontece mais do que a sociedade gosta de reconhecer, em todas as áreas, e inclusive gera casamentos arranjados e sociedades estratégicas entre famílias ou grupos.

Vida Afetiva

Aqui estamos no domínio do arcano. De acordo com o prisma mais óbvio, o Arcano VI significa casamento mesmo, conhecer alguém e se apaixonar à primeira vista, amores intensos e marcantes. A vida da pessoa está girando em torno de um relacionamento, existe muito tesão e muita ânsia de conhecer um ao outro. É impossível agora agir de outra forma a não ser com o coração. O canto da sereia é irresistível e leva a pisar fundo no acelerador, o que é o tema do arcano seguinte. A sexualidade pode incluir a procriação, mas sempre transbordando romantismo e afeição, sem se limitar à reprodução da espécie.

Vida Espiritual e Intelectual

Tudo se ofusca em nome da atração e do amor temporal. Sob o prisma deste arcano, o encontro com o metafísico se dá através do físico. A magia sexual é um caminho para o aprendizado espiritual dos Amantes. Durante o ato sexual, a pessoa entra em um transe, um estado de consciência alterada que torna a mente capaz de criar formas-pensamento que, se devidamente esquecidas pela metade, ganham lugar no inconsciente coletivo e se manifestam no mundo material. Claro que isso tem dois lados, pois todo tipo de coisa pode passar pela cabeça das pessoas.

Estudos técnicos ou metafísicos ocupam segundo plano neste arcano. As manifestações se dão pelo poder da atração e da complementação.

Amizades

Pode haver uma grande parceria, uma dupla inseparável. Existe a possibilidade de impasse que lhe obrigue a tomar partido entre dois amigos.

Pergunta

O que você realmente quer?

Sugestão

Decida-se.

Magia

O uso deste arcano em magia é recomendado quando se deseja facilitar uma tomada de decisão ou atrair alguém que esteja na mesma sintonia que você.

Missão

Dissolver as contradições por meio do amor sob vontade.

VII. A Carruagem

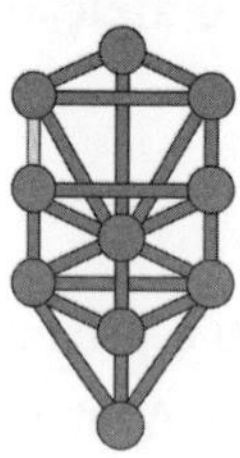

Árvore da Vida: O caminho de Binah a Geburah

Número: 7, harmonia entre matéria e divino

Descrição: Apesar de ser um arcano tipicamente associado a movimento, A Carruagem está parada. O veículo tem tudo para seguir em frente, está pronto para isso, mas ainda não pegou a estrada. A ida em si, no sentido do movimento, se dá efetivamente no Arcano X. A Carruagem é uma confirmação de que a postura recomendada é de preparação para seguir em frente. A resposta da Carruagem é: vá, prepare as malas, providencie os documentos.

A viagem é protegida pelos deuses da Água, elemento que aparece camuflado no toldo da carruagem azul-marinho, cor de Binah. Após o furor juvenil do encontro amoroso no arcano anterior, momento de conhecimento da excitação e da ânsia do desejo, A Carruagem é um avanço em busca de novas e mais ousadas descobertas, a sede de sentir novas emoções. Ela também pode simbolizar um adolescente que rouba o veículo do pai para dirigir sem carteira e se depara com o arcano seguinte, O Ajustamento, que representa as consequências do seu ato e pode vir na forma de um policial ou qualquer tipo de autoridade que lhe solicite documentos, por exemplo. Se o avanço é feito no ímpeto do momento, mas com conhecimento de causa, O Ajustamento é perfeito e indolor.

O disco azul e vermelho na altura do chacra sexual reforça a ligação deste baralho com a magia, o que inclui magia sexual, porém não se limita a ela. Azul e vermelho, frio e quente, são as cores do disco — o vermelho vem de dentro, a cor externa é o tranquilizante azul. Águas plácidas de um lago suave podem esconder um turbilhão de intenções e excitação. Falta pouco para o pulo do gato. O personagem deste arcano está vestindo uma armadura — partindo para uma guerra. Ele quer e precisa ir, o momento está acertado, e ele sabe se defender.

No toldo está a palavra ABRAHADABRA — a palavra do Éon de Hórus conforme a visão thelêmica[29] — sutilmente escrita no topo. A Carruagem é de um vermelho vivo como sangue. A armadura amarelada cravejada com 10 diamantes reflete a nobreza do viajante. Suas sustentações e defesas lhe garantem uma viagem tranquila. Os animais que puxam a carruagem são negros ou prateados, cores de Nuit — o céu noturno e a luz cor de prata das estrelas. As esfinges prateadas estão prontas para avançar, enquanto as negras ainda vigiam os lados, preparando-se para seguir as outras duas quando estas derem a partida.

A primeira Besta, à esquerda, tem a cabeça em formato de touro, símbolo dos impulsos e sensações telúricas, com patas de leão. A segunda tem o rosto de uma águia, ave de ambiciosos voos e alta velocidade, mas com patas de felino. A próxima tem o rosto de uma mulher, indicando astúcia e delicadeza, com garras de ave de rapina, e a quarta tem patas de touro, seios de mulher e cabeça de leão. Todos são alados.

O toldo é sustentado por quatro pilares que representam a clássica concepção cabalística da fundação em quatro mundos ou emanações e pode ser visto também como a cabeça de uma serpente cuspindo a carruagem de sua língua, assim como um pássaro empurra do ninho sua cria para que ela possa voar, tomar seu rumo. Sob o andarilho cocheiro, há uma lua cinzenta e receptiva que suporta o equilíbrio em lótus do portador do disco.

---

29. Não confundir com a Palavra da Lei do Éon de Hórus, que é *Thelema*.

O caminho âmbar afirma o caráter sagrado da viagem. Por cima de toda a armadura, o caranguejo de Câncer explica tudo, pois ele próprio tem uma armadura, uma carapaça para proteger sua carne macia e frágil. O Andarilho (O Louco) agora quer proteger suas fraquezas e partir para o enfrentamento. O arcano relaciona-se com o mito egípcio de Kephra, o Deus Criador, uma forma de Ra. Por mais estranho que pareça, de acordo com Crowley, a droga associada a este arcano seria o agrião.

Número — 7

Como número primo, é introspectivo, sábio, difícil, diferente. Representa as fases pelas quais passa o ser humano, bem como as fases da Lua. Os sete buracos na cabeça humana.

Astrologia — Câncer

O signo de Câncer é regido pela Lua, emblema de extraordinária sensibilidade e vulnerabilidade. Cancerianos têm um revestimento protetor, assim como o caranguejo e o personagem central da Carruagem. Para Crowley, o caranguejo "representa uma tradução do mundo". A busca do signo de Câncer por companhia e afeto é o verdadeiro objetivo por detrás da armadura do condutor da Carruagem.

Uma das possíveis contradições da associação do arcano A Carruagem com este signo seria o fato de Câncer ser apegado à família, o que teoricamente inviabilizaria que fosse símbolo de partida. Mas então nos lembramos que A Carruagem não é um símbolo de partida como fenômeno que está acontecendo, e sim como fenômeno em vias de acontecer. O signo de Câncer antecede o signo de Leão, que faz acontecer — seria isso uma pista? De toda forma, é normal que haja divergências nas correlações entre arcanos e demais símbolos, por exemplo, os números, pois cada sistema é diferente — conexões arquetípicas e sincretismos à parte.

Letra Hebraica — Cheth ח

Chamada de cerca e equivalente à combinação CH para o alfabeto ocidental ou mesmo a X, Cheth é uma letra de cor âmbar e geralmente associada ao Santo Graal, que aparece como o disco com o qual o condutor medita. As bordas azuis são a taça em si, e o interior vermelho simboliza o sangue que ela contém.

Caminho Cabalístico — 18 (Geburah — Binah)

Este é um caminho tão importante quanto perigoso, promovendo o encontro entre o belicismo de Geburah e a conciliação de Binah ao se atravessar o Abismo. Por isso o condutor está tão protegido e os "cavalos" que puxam a carruagem são, na verdade, esfinges aladas. O caminho tem sua cota de dor, mas o que se ganha em força, experiência e desenvolvimento acaba compensando os inevitáveis desconfortos.

Luz

Rapidez na decisão e disposição para acelerar são os melhores aspectos deste arcano. A evolução vem do movimento, e o caminho a se seguir é o que está debaixo de seus pés. Sua função é mesmo caminhar, ir em frente — não olhar para trás, sob o risco de virar estátua de sal; não se apegar, não se prender, lançar-se com coragem e preparo; iniciar algo que já foi planejado.

Sombra

Quando este arcano aparece, representa o momento de simplesmente dar o passo. Há o livre-arbítrio de não fazê-lo, mas seria um desperdício. Quando se trata de uma leitura no qual o arcano A Carruagem aparece cercado de outros que lhe são inóspitos, o ato de dar a partida pode tomar a conotação de algo precipitado e imaturo, logo indesejável. O contexto no qual o arcano se encontra definirá o seu significado imediato. Confira se os arcanos em posições estratégicas da leitura recomendam ou não um avanço.

Vida Profissional

Representa mais a busca do dinheiro e dos ideais profissionais do que a posse em si — que se concretiza no arcano seguinte. É o arquétipo da busca por ascensão social, profissional e material. Profissões ligadas a viagens certamente são favorecidas por este arcano, bem como lidar com veículos, especialmente automóveis. Qualquer atividade profissional que implique constante ir e vir pertence ao arquétipo da Carruagem.

Vida Afetiva

O amor é canalizado para a aventura de se largar no abismo arquetípico. A sexualidade está em segundo plano ou voltada para a própria pessoa, o que não significa necessariamente castidade, pois ela pode se manifestar de forma narcísica, por meio de parceiros semelhantes a si ou da masturbação.

Vida Espiritual e Intelectual

Esta é a primeira grande iniciação formal do Louco andarilho, daí a importância do aspecto espiritual deste arcano. A força da personalidade do consulente para quem sai este arcano será o ponto de definição do que virá adiante. Esta é a carta do conhecimento do novo por excelência.

Amizades

Sugere vínculos com estrangeiros, gente que está de passagem ou que vem de longe — companheiros de estrada, pessoas que se conhece quando se está em trânsito.

Pergunta

O que você precisa mudar? O que você quer mudar?

Sugestão

Avance, conquiste. Aceite aventurar-se.

Magia

O uso deste arcano em magia é recomendado quando se deseja facilitar e/ou causar mudanças, transformações, fazer viagens.

Missão

Abrir caminho.

VIII. Ajustamento

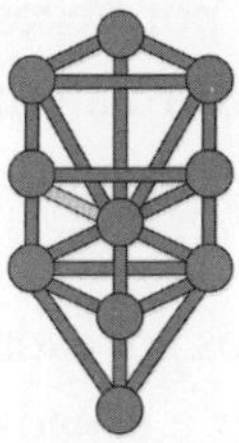

Árvore da Vida: A conexão entre Geburah e Tiphareth

Número: 8, justiça e ajustamento

Descrição: Tudo neste arcano remete ao conceito de equilíbrio — ajustamento, ajuste, acerto. Causa e efeito.

O Arcano VIII não reflete a noção de "justiça" como é compreendida pela maioria dos tarólogos que usam os tarôs tradicionais, nos quais ele é normalmente chamado de "A Justiça". A percepção de justiça do ponto de vista humano individual costuma considerar justo aquilo que lhe favorece, mas o tarô traduz ao ser humano um ponto de vista além da personalidade individual. A Natureza, como entidade e como sistema, não é necessariamente justa para o homem, mas sim para si própria. Uma catástrofe natural pode ser uma desgraça para toda uma cidade de humanos ou mesmo de animais não humanos, mas para a Natureza é mais do mesmo. O ser humano é parte dela, logo entendê-la é entender a si próprio.

O arcano se apresenta na imagem de uma mulher magra, esguia, mascarada como um arlequim ou um praticante de *bondage*[30], segurando uma espada na ponta que equilibra a si mesma. Ela é o eixo da balança em perfeito equilíbrio que contém os símbolos de Alpha e Ômega, o princípio e o fim. Todo o universo se equilibra e funciona em perfeita estabilidade. Todos os símbolos deste arcano se remetem a um ser amoral, indiferente a particularidades, imerso no abstrato. O equilíbrio coletivo se fará, malgrado pontos de vista individuais. Não há relação com conceitos maniqueístas de justiça, o que pode tornar o Ajustamento doloroso, seja ele considerado "justo" ou não.

Este arcano assinala a importância do mecanismo de causa e efeito por meio do qual a Natureza expressa a necessidade de equilíbrio. O processo matemático, ou lógico, evidenciado neste arcano é o mesmo que sustenta e gera o mundo como o conhecemos, bem como os processos

30. Prática sexual na qual um dos parceiros está amarrado.

materiais pelos quais se preserva. Esses processos são a essência do Ajustamento. É possível prever os movimentos deste arcano, sempre lógicos, mesmo não compreendendo totalmente essa lógica por vezes obscura. Tudo aquilo que geramos ou endossamos se transforma em uma substância imaterial que invariavelmente retorna a nós. Entretanto, a forma desse retorno é imprevisível.

Os globos da balança são como universos paralelos afetados por cada respiração da guardiã da espada. O conjunto balança, mulher e espada forma um losango, dois triângulos que representam a comunicação direta entre céu e terra. A espada de dois gumes — ambiguidade como modo de equilíbrio — aponta para a base, o que afirma a natureza material e prática de sua existência. E toda essa imaculada configuração pende de penas de avestruz frágeis e delicadas: Ma'at, a deusa do Ajustamento, é sustentada apenas pela concentração e pela retidão. Ma'at, a mulher de Thoth, cujo nome significa "verdade", era a reguladora das leis no Antigo Egito. O mesmo conceito de deidade aparece em várias culturas com diferentes nomes — Vulcano, Yama, Zeus. Para a cultura grega especificamente, os mitos relacionados são: Themis, deusa da justiça; e Aeacus, Minos e Rhadamanthus, os três juízes do tribunal de Hades. A droga do Arcano VIII é o tabaco, e o aroma é gálbano.

Número — 8

O símbolo da organização do mundo, o grande supervisor e administrador dentre os números. A acomodação final do espírito na matéria, o resultado do treinamento de adaptação da alma ao corpo. O quatro organiza, enquanto o oito, seu dobro, estrutura. Como os extremos se tocam, não é surpresa que o extremo da matéria se transforme, quando deitado, no símbolo do infinito (∞).

Astrologia — Libra

O signo do equilíbrio, sobretudo estético, símbolo tanto de indecisão quanto de harmonia, seu elemento é o Ar, e Libra se preocupa em ser polo de ordem e conforto, inclusive interligando esses dois conceitos de modo às vezes perigoso. É um signo de Vênus, ligado à beleza, à sedução, ao prazer.

Sua indecisão pode atingir níveis patológicos, induzindo inclusive a uma vida, quando a pessoa se entrega aos seus medos e pavores e se deixa levar pela gula e pela imobilidade, de vícios em entretenimento. É menos comum que librianos se entreguem às drogas pesadas, pois a ilegalidade como meio de vida não se encaixa tanto no *modus vivendi* libriano. Quando exerce seu melhor aspecto, é um facho de beleza em meio ao caos cotidiano.

Letra Hebraica — Lamed ל

A Porta do Equilíbrio pelo Autossacrifício. A Mulher Justificada. O nome/a imagem de Lamed é o aguilhão de boi. Lamed é relacionada ao Louco, cuja letra é Aleph, indicando uma equivalência entre os Arcanos 0 e VIII. São extremidades cuja coexistência é, na verdade, uma codependência. Ambas se suportam, uma é consequência da outra.

Caminho Cabalístico — 22 (Tiphareth — Geburah)

A ligação entre a Severidade e a Beleza é estrondosa, mesmo que se busque o equilíbrio. Todos os habitantes do planeta são abrangidos pela sombra da Inteligência Fiel.

Luz

Se você tem aquilo que o vulgo chama de "consciência tranquila", tudo bem. Mas, se você está em débito com Ma'at, aí as coisas mudam de figura. Para aqueles que vêm investindo, é o momento de colher. Mas a colheita é proporcional ao esforço e ao capricho do plantio.

O Ajustamento é uma deusa cega e impessoal. Para ela tanto faz sofrer ou fazer sofrer, tudo é parte de um processo maior e mais importante. O processo do Ajustamento é contínuo, embora pareça estanque, da mesma maneira que os planetas parecem não se mover, mas o fazem em altíssima velocidade.

Sombra

Se você espera um favorecimento que a maioria das pessoas chama de "justiça" como fruto de suas preces, esqueça. Vou contar uma história real que ilustra bem o funcionamento deste arcano. Certa vez uma pessoa pagou um advogado para conseguir um documento ilicitamente. O sujeito embolsou o dinheiro e não fez documento falso nenhum. A pessoa tirou o Arcano VIII como resposta para o desenlace da questão, e a mensagem de que a justiça seria feita deveria ser interpretada do ponto de vista de toda a situação, não apenas pessoal. Se essa pessoa estava fazendo uma operação ilegal, é óbvio que não pode reclamar na justiça seu pagamento por um serviço ilícito. Ou seja, Ma'at se apresenta para unir os polos através de uma verdade crua e fria. Isto não é de fato negativo, ainda que seja um processo doloroso. Ocorre aqui um processo de esclarecimento, inclusive da Natureza enquanto entidade.

Vida Profissional

Associa-se a trabalhos relacionados a questões judiciais, leis, administração e decisão estratégica. É facilitado o fluxo da matéria, em especial quando se buscam resultados por meio de cálculos apurados. Não há espaço para ilusões, lentidão ou preguiça. O Ajustamento representa indivíduos realistas e produtivos no ambiente de trabalho.

Vida Afetiva

Refere-se mais à estrutura das relações, aos hábitos, a relações antigas, pessoas que já conhecemos em seus maneirismos, o lado rotineiro e às vezes entediante das relações. São pessoas desapegadas de romantismo que priorizam o trabalho árduo. A sexualidade é sufocada, mas intensa.

Vida Espiritual e Intelectual

Todo estudo técnico é facilitado neste arcano. Uma das práticas espirituais mais indicadas é o *karma yoga*. As religiões de massa podem ser bem atraentes para pessoas que estejam com problemas com Ma'at, que se sintam injustiçadas e busquem redenção — mas essas mesmas religiões acabam funcionando como um anestésico que ilude e mascara a realidade. Não vendo as coisas como elas são, nada se pode resolver.

Amizades

Formalidade, pouco tempo para veleidades. Muita concentração nos próprios afazeres. Lealdade aos amigos, mas sem perder tempo com nada que não seja sério.

Pergunta

O que lhe ajuda a manter o foco e a concentração?

Sugestão

Objetividade e senso de responsabilidade devem ser priorizados.

Magia

O uso deste arcano em magia é recomendado quando se deseja favorecer algum processo de causa e efeito.

Missão

Encaixar o que está desencaixado. Fazer valer a lei. Manter a imparcialidade.

IX. O Eremita

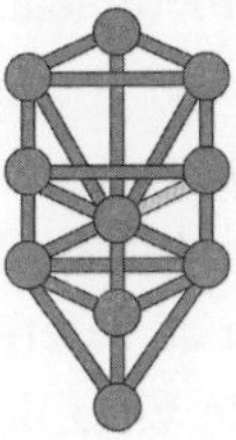

Árvore da Vida: De Chesed a Tiphareth

Número: 9, o retorno a si mesmo

Descrição: Não se vê o rosto do (ou da) Eremita, apenas seus longos cabelos acinzentados, seu manto vermelho, que indica a natureza de sua Magia[31], e a luz de sua lâmpada. Esta contém o Sol e se encontra na altura do chacra sexual. Pela frente, um espermatozoide em busca da luz (ou de ser dado à luz). Por trás, Cérbero, o cão de três cabeças que, na mitologia grega, guarda a porta do inferno. À sua frente, o ovo órfico representa novas possibilidades por nascer. Ao fundo, espigas de milho simbolizam alimento, fertilidade, reprodução e alcance espiritual.

A defesa do Eremita é sua luz solar, detrás da qual se esconde. Essa mesma luz divide, não de forma exata, a carta em duas partes. Na parte de baixo, é estimulada a *kundalini*. É neste campo que se dá o embate entre as forças obscuras representadas por Cérbero e a lâmpada que O Eremita carrega. A parte superior é maior e mais iluminada.

31. Este é o nono arcano, e o Nono Grau das Ordens Thelêmicas é ligado à *Magick* de Luz.

Este é um arcano lento, mas não inoperante; a inoperância só se dá quando sua atmosfera de isolamento e introspecção tem, em algumas personalidades, o efeito de um convite à inatividade. Meditar é um trabalho intenso. O Eremita é muito atuante no campo interno, no plano mental e na esfera espiritual. Do domínio material e de assuntos mundanos ele de fato se esquiva, pois tranquilidade e retidão são inegociáveis para quem busca alcançar determinado grau de concentração. Os frutos dessa dedicação se revelam no próximo arcano, que retrata as mudanças finalmente se manifestando de forma concreta no mundo fenomênico. Certa fase da iniciação exige o não envolvimento com o mundo externo, mas não se trata de uma condição permanente.

O arcano do Eremita é prudente, e está fechado para balanço. É contemplativo, suas percepções nascem não só de sua meditação, mas também de sua experiência. Não é mais "virgem", pois já passou por uma das três grandes iniciações do tarô, e sua meditação é vinculada ao resultado dela. Portanto, o grau de produtividade e eficácia da meditação se confirmará a partir da direção que essa pessoa Eremita der à sua experiência, que é sempre rica, ainda que por vezes melancólica.

Como A Suma Sacerdotisa, O Eremita busca a sabedoria na introspecção, porém há duas diferenças básicas. A primeira se refere ao sexo/à polaridade de cada arcano, o que muda o ponto de vista de ambos sobre os mesmos fenômenos. Isso se manifesta pelo fato de O Eremita precisar da vivência prática para aceitar um princípio, enquanto A Suma Sacerdotisa se satisfaz com a sua intuição. A segunda diferença é percebida pelo fato de O Eremita estar alguns passos adiante da Suma Sacerdotisa em termos cronológicos, ou seja, ele se volta para dentro após conhecer o mundo externo, enquanto A Suma Sacerdotisa sempre esteve voltada para dentro. Ela conhece o mundo como um todo, mas nunca viveu no mundo material. O Eremita se retorna para o espírito após provar da matéria, e aí está sua característica peculiar.

A deusa Ísis é associada a este arcano. No Egito, ela era a mais popular, equivalente à Virgem Maria para a egrégora católica. As drogas anafrodisíacas estão sob a égide deste arcano, bem como o aroma da flor de narciso.

Número — 9

A manifestação triplicada do número 3, a complementação do processo de equilíbrio de polaridades promovido pelo triângulo. Na base está o quadrado (4), suportando o pentagrama (5) — um símbolo do que é humano. É a superação de restrições pragmáticas e libertação da mente através da comunicação em larga escala.

Astrologia — Virgem

Este signo representa perfeccionismo, análise, categorização, discriminação. Associado ao elemento Terra, é receptivo, prático, sensato. Virginianos são considerados lógicos, cerebrais, mas são mais mecânicos que dissertativos. São reservados e polidos, porém guardam um senso crítico afiado ao extremo. Amam a ordem e o método e não se deixam levar por impulsos desmedidos. Muitas vezes deixam de brigar por considerar isso perda de tempo. Precisam organizar — e ter o que organizar —, às vezes de modo compulsivo.

O ócio é mortal para Virgem. Não há nada que passe em branco pela necessidade de definir e categorizar de um virginiano.

Letra Hebraica — Yod י

O formato do corpo do Eremita alude ao formato dessa letra feminina, de cor branca, também conhecida como "A Mão". Associada ao conceito do humano virgem, esta virgindade é antes uma ideia que um fato físico. Corresponde a Y, I e J.

Caminho Cabalístico — 20 (Tiphareth — Chesed)

Este é o caminho da conexão entre Tiphareth, a Beleza — ou Centro Búdico/Crístico —, e Chesed, que é também chamada de Gedulah, a Misericórdia, a Inteligência Coesiva. Representa a preparação da manifestação[32]. A mão do Eremita está no centro da carta.

Luz

Hora de fechar para balanço, classificar e analisar o que se fez e se preparar para a virada que virá. Com a lâmpada em que carrega o Sol

32. Note que manifestação e mão são palavras da mesma família.

com a mão esquerda, absorvendo a energia solar, O Eremita ilumina seu inconsciente, o traz à tona. O que de melhor se pode tirar de um momento relacionado a este arcano é o de enxergar a si mesmo, se replanejar, se reinventar. Introspecção é importante. Não se deve ter medo de tocar na ferida. O momento é de tratamento e prevenção. A energia deve ser economizada e direcionada, e não largada inadvertidamente. Os avanços que este arcano gera são bem mais perceptíveis para a própria pessoa ou para aqueles que a conhecem bem, pois o mundo externo, com sua rapidez, não percebe os sutis movimentos do Eremita.

Sombra

Muitas vezes a introspecção extrema, além da timidez ou da prudência excessivas, leva-o ao desligamento do exterior, e o próximo passo pode ser desvirtuado no sentido de fazer a pessoa deixar de compreender o mundo material — o que não é o objetivo de quem está no caminho da busca espiritual, seja qual for sua vertente de preferência.

Vida Profissional

São as áreas ligadas a pesquisa, estudo; trabalhos que lidam com coisas ancestrais, antiquários, arqueologia etc. O brilho está na obra em si, não no autor. Não há comunicação direta com público, comércio, negócios e canais do tipo, é preciso um intermediário. Dinheiro aqui refere-se a reservas, heranças e aposentadorias.

Vida Afetiva

Como se trata de um arcano solitário, aspectos afetivos acabam ficando em segundo plano. Entretanto, aqueles que souberem respeitar a meditativa distância em que vive O Eremita poderão com ele desenvolver uma relação profunda e silenciosa.

Vida Espiritual e Intelectual

Aprendizagem e espiritualidade são as matérias essenciais do Eremita, seu interesse, sua busca, seu desígnio. A única coisa que pode turvar e distorcer sua procura pelo conhecimento é a associação com religiões dogmáticas que impõem pensamentos atrasados e fazem com que a reserva natural do arcano se manifeste como mero afastamento.

Amizades

Os amigos do Eremita são amigos invisíveis ou não presentes, amizade à distância ou platônica.

Pergunta

Tem alguma coisa não resolvida em sua vida, alguma pendência?

Sugestão

Isole-se e ouça a sua voz interna.

Magia

O uso deste arcano em magia é indicado quando se deseja aprofundar o autoconhecimento.

Missão

Fechar um ciclo.

X. Fortuna

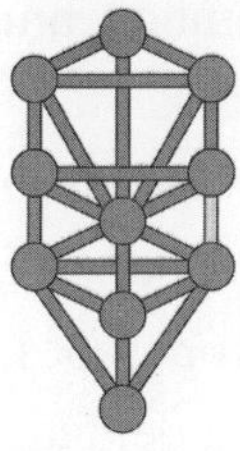

Árvore da Vida: O eixo Chesed — Netzach

Número: 10, a perfeição

Descrição: Conhecido em outros baralhos como "A Roda da Fortuna", em alusão à roda que gira no centro da carta, Crowley rebatizou este arcano apenas como "Fortuna", mas não há grandes divergências entre outras baralhos de tarô e o de Thoth no que diz respeito ao conceito e ao visual do arcano. A roda é um símbolo de ciclo vital e sua perenidade.

Também representa uma estabilidade que só se ganha a partir da aceitação e compreensão dos ciclos vitais, que alternam entre altos e baixos. A estabilidade é, na verdade, um processo de equilíbrio entre essas alternações. Sendo a mutação uma condição permanente, a capacidade de adaptação a essas mudanças se configura como a raiz de toda a estabilidade.

Em uma tiragem, a Fortuna representa uma virada que definirá as próximas direções, as quais serão, por sua vez, determinadas pelas cartas mais próximas. Essa virada não significa finalização, qualidade típica do Arcano XXI. Um ponto de ligação entre A Fortuna e O Universo é a quantidade de estrelas retratadas no fundo da carta. São 21 estrelas arranjadas no céu de Nuit. Seis destas são maiores e de cor amarelo-claro. Outras nove são menores e de tom amarelo mais escuro, e soltam nove raios. Veem-se ainda duas estrelas prateadas ladeando a estrela central, bem como uma dourada no centro da roda; duas rosadas nos cantos superiores; e uma estrela oculta da qual saem os raios na base do triângulo, sob a roda. O sentido em que esta gira é indefinível, e ela é habitada por três personagens distintos que retratam o princípio da transitoriedade.

Uma esfinge, que é um símbolo antigo e abrangente, evocando consciência superior, serenidade e sabedoria, se encontra no topo, aparentemente imune à rotação e a suas mudanças. O macaco Hermanúbis, que já aparece no arcano O Mago, está em ascensão na roda e representa energia crescente, agitação, inquietude. O terceiro ser, que se encontra em movimento de descida, é Tifão, um monstro criado por Gaia e Tártaro a pedido de Hera, que queria se vingar do marido, Zeus, por ter criado Atena sozinho. Logo, Tifão é inimigo natural de Atena. Esses três seres mitológicos simbolizam diferentes tipos de pessoas e situações e sua alternância na roda da vida.

Toda vez que a Fortuna aparece na leitura, aproxima-se uma mudança clara e repentina. Ao contrário do Arcano XX, O Éon, cuja mudança é divisora de águas, esta manifesta na Fortuna não é de amplas proporções, ainda que seja imediata. Amon-Ra, associado à Fortuna, é uma deidade composta que foi inventada pelos sacerdotes de Amon para conectar os cultos de Amon e de Ra. O aroma de açafrão e a folha de coca são relacionados ao arcano na tabela de correspondências de *777*.

Número — 10

Este é um número que suaviza o 1, no sentido de torná-lo mais afável e conectado com seu lado *yin*. É o número da reencarnação, já que é a nova vida de 1 — assim como a roda da fortuna também representa *samsara*, a roda das encarnações.

Astrologia — Júpiter

Está relacionado a todo tipo de expansão, crescimento, riqueza. É considerado o grande benfeitor da astrologia. Como um Midas, tudo o que Júpiter toca vira ouro. É um planeta que simboliza o desenvolvimento de todas as coisas. Funciona como um empurrão, um estímulo. Mas Júpiter também pode ser o patrono dos exageros e das desproporções.

Letra Hebraica — Kaph כ

Enquanto Yod significa "mão", esta letra significa a "*palma* da mão", ou seja, onde se lê a sorte, a *fortuna*. Kaph relaciona-se com os elementos Fogo, Água e Ar. Pode ser representada por um punho fechado ou, quando no final das palavras, por uma mão aberta. Corresponde à letra K. A palma da mão funciona como ligação entre os cinco dedos — ou os cinco elementos.

Caminho Cabalístico — 21 (Netzach — Chesed)

A união entre Vitória e Misericórdia forma o caminho da Conciliação. Nele, regeneração e continuidade impulsionam o Andarilho para a transformação que conduz ao ápice do arcano seguinte.

Luz

O aspecto mais feliz da Fortuna é a emoção da transformação, a curiosidade pelo que virá, a sensação de estar vivo e sujeito às mudanças que representam a permanência da vida. O momento pede disposição para imprevistos. O melhor que se pode fazer agora é abrir-se aos acontecimentos e observar o que se pode extrair deles — novas pessoas, viagens, mudança de endereço, transformação física.

Enquanto arcano isolado, indica a transformação em si. Quando a Fortuna aparece associada a outros arcanos, a mudança torna-se condicionada à área em que eles estão agindo. É hora de aceitar desafios. A prudência foi — ou pelo menos deveria ter sido — exercitada no arcano anterior, então agora o momento é de assumir certos riscos, experimentar novos rumos, apostar em algo diferente.

Sombra

Aceitar riscos não significa ser inconsequente. Este arcano indica insegurança, flutuação e falta de base. Contudo, continua sendo aconselhável deixar-se levar de modo voluntário, procurando adaptar-se às mudanças. Uma possível rigidez quebraria antes um dos seres do que a roda, que é mais forte e continuará sua rotação de uma maneira ou de outra. Essa rotação é o estado permanente do nosso planeta, logo quem extrai vantagem da direção para onde a roda lhe conduz consegue realizar a alquimia do sucesso.

A queda é uma experiência inevitável da vida, tudo cai, todos caem, ainda que haja quem tente disfarçar — não que expor a própria queda seja aconselhável. A demonstração de virtude é abominável; melhor aceitar os fatos da vida como são, sem disfarces nem enfoques.

Vida Profissional

Sugere mudanças de todo tipo, sobretudo as não planejadas. Viagens a trabalho. Mudanças no ambiente profissional. Corresponde a profissões como as de comerciantes, tradutores, pilotos e pessoas cujo trabalho esteja relacionado a levar coisas ou seres de um lado para outro.

Vida Afetiva

Quando este arcano aparece, é momento de repensar, mudar ou recriar uma relação, de forma voluntária ou não. Isso significa afastamento, reencontro, reestruturação. Depende dos demais arcanos na tiragem.

Vida Espiritual e Intelectual

Desprendimento de conceitos arraigados, compreensão do tríplice aspecto da Divindade e do princípio de mutação como permanência. Descobertas, *insights*, novos assuntos para se estudar. Passagem de grau.

Amizades

Alta rotatividade de pessoas, novas amizades, ambientes diferentes, situações desconhecidas. Favorece o estabelecimento de laços, mas sua durabilidade depende de outras influências. A Fortuna em si é uma carta transitória, mas amigos verdadeiros são bons amigos tanto de longe quanto de perto.

Pergunta

Existe algo entre você e a grande mudança que você espera? Se sim, o quê?

Sugestão

Aceite o princípio da impermanência. Aceite o que lhe traz o destino.

Magia

O uso deste arcano em magia é recomendado quando se deseja provocar uma mudança radical.

Missão

Manter-se sempre em movimento.

XI. Lascívia

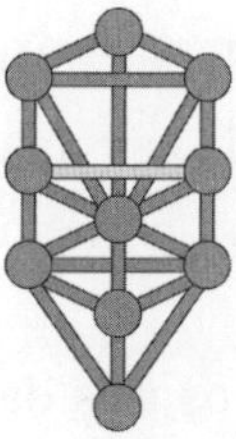

Árvore da Vida: O caminho entre Chesed e Geburah

Número: 11, a combinação perfeita de unidade e dois

Descrição: O baralho de tarô original, o Tarô de Marselha, mostra uma mulher segurando uma fera pela boca. A mulher está usando um grande vestido escuro de mangas longas e um chapéu. Essa ilustração do arcano foi a maneira que os iniciados acharam para velar o simbolismo do arquétipo durante os obscuros tempos da Idade Média.

Com o controle da Igreja Católica, não poderia haver baralhos divinatórios, apenas aqueles para jogo comum. O tarô circulava como um jogo vulgar, e as figuras foram adequadas aos costumes e vestes medievais. Daí o fato de o baralho de Marselha retratar a mulher pudicamente vestida. É o Arcano XI, e 11 é o número do excesso, do poder, do super-humano, da Divindade no humano, coisas que a Igreja sempre combateu. A força deste arcano é a força sexual, vinculada a *kundalini* — o arcano de Marselha mostra a mulher segurando uma fera na altura do chacra sexual —, a associação da Besta com a vagina (ou

Portal do Sol, Babalon[33]). A natureza deste arcano é das mais antipáticas a todos os sistemas que querem o humano como obediente cordeiro, daí o disfarce a que se submeteu o Arcano XI, para que somente os iniciados compreendessem a natureza do ensinamento.

Lascívia é o motor que guia o sexo, é uma força cega que leva à expressão do amor e/ou à procriação. Contudo, a mesma volúpia que impulsiona o chacra sexual pode motivar o cumprimento de um trajeto ou missão, a busca e o encontro do Santo Graal. Vemos no traço de Frieda Harris e na concepção de Crowley uma reestruturação do arcano que é, na verdade, um *resgate* dos símbolos originais dele. Babalon cavalga deleitosamente a Besta. Está nua, e, com a mão esquerda, puxa a Besta pela língua como se esta fosse um par de rédeas. Com a mão direita, ergue um símbolo de iluminação: a taça do Santo Graal com o sangue de Jesus Cristo. Lembre-se de que, conforme a mitologia, Jesus Cristo transformou uma prostituta em santa e levou consigo ao Reino dos Céus um dos ladrões crucificados.

Da taça emana uma cauda de pavão, símbolo de beleza, volúpia, e 10 serpentes, símbolo de conhecimento profundo. A Besta que ela cavalga tem sete cabeças: um anjo, um poeta, uma mulher adúltera, um homem de valor, um sátiro, um santo e um leão-serpente.

Babalon é considerada aquela que fornicou com todos os reis da Terra, e as muitas cabeças da Besta representam as diferentes encarnações, condições e possibilidades humanas. A cauda da Besta tem uma cabeça na ponta, cercada por um halo de 13 espinhos, e no fundo percebem-se 10 discos de tom dourado pálido, bem como sombras fantasmagóricas de santos em prece, aqueles que se fundiram com o todo, como Babalon, pela comunhão com tudo.

Diz Crowley em seu *Livro de Thoth*:

> *"Nessa carta existe uma embriaguez ou um êxtase de natureza divina. A mulher parece mais do que um pouco embriagada e mais do que um pouco louca; o leão também arde em volúpia. Isso indica que o tipo de energia descrito é de ordem primitiva*

33. Babalon = Portal do Sol, um eufemismo para vagina.

e criativa; de todo independente da crítica da razão. Essa carta ilustra a vontade do Éon. Ao fundo, as imagens exangues dos santos sobre as quais a figura principal viaja, pois toda a vida desses santos foi absorvida pelo Santo Graal."

Este arcano representa o pulo do gato, o momento do êxtase e da força, a crista da onda. Tem carga altamente sexual, desde a nudez dos personagens à lascívia com que Babalon se entrega ao Sol. Em termos iniciáticos, o 11º grau trabalha com a Magia Sexual de Sombras, que é o processo inverso ao do 9º grau, que cria luzes através do Rito Sexual[34]. De acordo com Crowley, a Lascívia se relaciona com Hórus, especialmente em seu aspecto Ra-Hoor-Khuit — filho de Osíris e Ísis, um misto de dois mitos originais, Hórus Criança e Hórus Guerreiro e Conquistador, em um só, sendo Hórus a Criança Conquistadora. Por sua vez, Ra-Hoor-Khuit[35], que em egípcio significa "Ra, que é Hórus dos Horizontes", é uma identificação de Hórus com Ra. As drogas tônicas e o aroma de olíbano pertencem à egrégora do arcano.

Número — 11

Corresponde ao que não cabe em rótulos, ao que avança e excede, à tomada de poder, à força e ao domínio de situações. É o número de Nuit. Reflete trasbordamento de criatividade e expressão pessoal, conhecimento de si próprio e de sua função na engrenagem mundial. Um dos números mais importantes no sistema thelêmico, representa a expansão, a ousadia de extrapolar. É andrógino por natureza.

Astrologia — Leão

Mesmo os detratores do signo concordam que Leão é, sob vários aspectos, fascinante, voluntarioso e envolvente. Leoninos são dominadores e tendem a agir como se o mundo girasse à sua volta. Podem ser nobres e elegantes, mas também são altivos e pretensiosos, criativos e centralizadores, decididos e imperativos.

34. A *Magick* de Sombras é caracterizada pelo ato sexual anal, seja de natureza hétero ou homossexual.

35. Essa maneira de escrever foi divulgada por Crowley, mas o original era Ra-Hor-akhuti.

Letra Hebraica — Teth ט

A Serpente, a letra que representa o poder mágico. A mulher que guarda o segredo do Universo. Equivale à nossa letra T. Simboliza o abrigo do homem, seu refúgio e escudo.

Caminho Cabalístico — 19 (Geburah — Chesed)

Reflete o equilíbrio entre os princípios produtivo e destrutivo que se dá através da união de opostos. É o caminho do mistério e dos segredos que o mundo espiritual guarda em relação ao material. O segredo das influências sutis que tudo equilibram.

Luz

Os melhores aspectos da Lascívia estão na equação poder/prazer. Uma coisa precisa estar ligada à outra. É um arcano que indica autocontrole e disciplina que se refletem em poder sobre os demais. O controle não se dá por repressão, mas sim por canalização, e quem aprende isso, aprende a criar represas de energia, verdadeiras hidrelétricas mentais que se manifestam de modo concreto em conquistas mundanas.

Sombra

A força pode ser mal canalizada, pode ser degenerada. O êxtase pode ser compreendido como endosso aos instintos mais grosseiros, o que é um erro. Que a interpretação não seja turva: Lascívia é um arcano de profunda espiritualidade e refinamento, apesar (ou por causa?) de Babalon se misturar com todos. A consciência invulgar que advém dessa mistura pode de tudo redimir, mas a perda de contato com o eu (que seria a perda do Santo Graal que ela segura) pode levar a uma visão incorreta de si mesmo, fazendo com que a fórmula da Prostituta Sagrada seja vulgarizada.

Vida Profissional

Tudo aquilo que é feito com tesão e fé está com futuro garantido, mas as coisas feitas de maneira desagradável ou relutante vão se perder, não darão resultado. Favorece profissões que lidam com criatividade, psique e sexualidade.

Vida Afetiva

A Lascívia se manifesta no amor e na família como o êxtase da grande revelação de verdades essenciais — eventualmente, verdades duras e escondidas. O sentimento de ciúme é destrutivo em si, mas mais ainda quando misturado com competição. É possível que a pujança de quem está em um momento arquetípico de força ofenda aos invejosos, provocando reações adversas. Segredos são revelados.

É um excelente momento para sair do armário, seja de qual tipo for, antes que suas paredes caiam por si só, revelando o que já era óbvio e só o personagem central ainda não notava ou não assumia.

Vida Espiritual e Intelectual

Ocorre grande conquista espiritual ou intelectual. Cuidado com as energias que se capta, pois este arcano representa a assimilação de todo tipo de vibração, inclusive daquelas que confundem e induzem ao erro. É preciso saber filtrá-las e usá-las, e é aí que reside a verdadeira magia, a alquimia da transformação. O resultado prático dos estudos se manifesta de modo intimidante, o que pode ser uma experiência de suplício ou de prazer da consecução.

Amizades

Comunhão, trânsito por diferentes grupos, empolgação com gente nova. Pessoas curiosas, estranhas, diferentes, inclassificáveis. Pessoas que servem como mensageiros de entidades.

Pergunta

Você está pronto(a) para viver deliciosamente?

Sugestão

Dedique-se àquilo que lhe dá tesão.

Magia

O uso deste arcano em magia é recomendado quando se deseja ampliar o poder pessoal e espiritual por meio de atitudes ousadas e corajosas.

Missão

Assimilar tudo e realizar a devida alquimia.

XII. O Pendurado

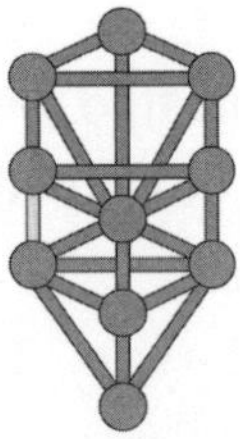

Árvore da Vida: De Geburah a Hod

Número: 12, o ciclo perfeito

Descrição: Antes de qualquer coisa: não chame este arcano de "enforcado". É uma tradução ruim, errada. O título da carta, *The Hanging Man*, significa em inglês tanto "O Pendurado" quanto "O Enforcado". Tradução é escolha, e na escolha pelo segundo termo o erro de tradução fica evidente, já que em qualquer baralho de tarô o personagem do Arcano XII está pendurado pelo pé, e não enforcado.

No caso do Tarô de Thoth, a pessoa está pendurada pelo pé esquerdo por uma *ankh* (cruz ansata), e a corda é uma serpente. Ela está pregada a três discos verdes, cor de Vênus. O primeiro prego está no pé direito, o qual cruza a perna esquerda formando uma cruz. Os outros dois pregos estão nas duas mãos, que formam três pentagramas invertidos. Note que 3 e 12 são números da mesma família (1 + 2 = 3). De certa forma, este arcano é uma inversão do terceiro arcano maior, A Imperatriz, por tornar a prosperidade uma lembrança e a opressão uma realidade.

Este arcano está relacionado à crucificação, com o cristianismo e toda a sua filosofia baseada na fórmula de punição e sofrimento como maneira de se iluminar e crescer espiritualmente. Todas as formas de iluminação são válidas, e por todas elas passamos de um modo ou de outro, ou não seria o tarô o livro da vida, cobrindo todas as situações arquetípicas, e o autossacrifício é uma das formas de se encontrar a Iluminação, o que se confirma pelas serpentes localizadas em um côncavo abaixo da cabeça, ou seja, em contato direto com o chacra da coroa, de onde saem inúmeros raios verde-claros. Aqui O Louco/Andarilho se coloca de ponta-cabeça e assim passa a ter outra visão do mundo.

O fundo da figura é um quadrado, símbolo de restrição tanto quanto de organização, em tom de azul-escuro. Tanto o verde-água quanto o azul-marinho deste arcano são variações de tons aquáticos. Ao fundo do côncavo, onde estão as serpentes, há um convexo também azul-marinho, fazendo o mesmo tipo de contraponto que vemos logo acima, entre o triângulo e a cruz formados pelas pernas e pelo quadrado ao fundo. Tudo isto se passa ao nível do mar, o Sol queimando ao alto. A implicação sexual do arcano, especialmente em termos de magia, carrega múltiplos sentidos, notadamente na *ankh* (símbolo da vagina) invertida e nas serpentes (símbolo fálico). Uma serpente amarra O Pendurado à *ankh* pelo pé; e outras agrupam-se na ponta de um convexo como espermatozoides.

A ideia mais forte deste arcano é a de interiorização e imobilidade. O aspecto mais fatalista só aparece de fato quando está circundado por outros que talvez reforcem suas características de alguma forma. E não adianta rejeitar o que este arcano significa.

A melhor maneira de se ter uma relação saudável com O Pendurado é enxergar nele uma atitude de entrega ao fluxo, de se largar na correnteza e por ela se deixar ser conduzido. Muitas bênçãos surgem disfarçadas de maldição. Aquilo que consideramos uma praga pode se revelar um misterioso instrumento de proteção que só depois de algum tempo revela sua real natureza. "Deus escreve certo por linhas tortas."

O Pendurado tem a ver com os mitos egípcios de Asar e de Ísis. A cáscara e os demais purgantes são as drogas relacionadas. O aroma de mirra favorece o tipo de meditação necessária para se compreender a função educativa deste arcano.

Número — 12

Sendo o dobro de 6, é um número passivo e associado a sacrifícios pela sociedade, pelo coletivo, por um bem maior. O ciclo de 12 é previsível, e nisto reside sua beleza.

Astrologia — Elemento Água

Este é um dos arcanos cuja correspondência astrológica é com um dos elementos — os outros são os Arcanos XX (Fogo) e XXI (Terra). O Tarô de Thoth não oferece uma correspondência com o Ar nos Arcanos Maiores. É próprio da água deixar-se conduzir, seguir o fluxo, encaixar-se em cada fresta e a partir dela formar um filete. A água se ajusta a qualquer recipiente, dele adquirindo o formato, seja qual for. É o elemento das emoções.

Letra Hebraica — Mem מ

Esta é a letra-mãe, assim como Água é também o elemento-mãe. Mem corresponde à letra M, à mulher, ao útero, ao Segredo do Universo escondido nas águas arquetípicas.

Caminho Cabalístico — 23 (Hod — Geburah)

O Caminho da Inteligência Estável, causa e origem de toda a consciência, promove a união entre o esplendor de Hod e a severidade de Geburah.

Luz

A evolução neste arcano dependerá da capacidade de O Andarilho aceitar sem se conformar. A parada é indispensável para a continuação da caminhada, para que se tome fôlego e se possa contemplar o caminho. O conhecimento da dor pode revelar uma forma de neutralizá-la. O Pendurado abdicou do supérfluo e do mundano, mas por vontade própria. Ele representa a capacidade de entrega. Por fora é restritivo, mas por dentro busca amplitude.

O Pendurado deixa-se levar ao sabor das ondas e assim chega a todos os lugares. Não se fixa a nada externo. Suas raízes internas já são suficientemente rijas. Ele reflete uma pessoa a caminho de encontrar um ponto de equilíbrio para percorrer os próximos arcanos com desenvoltura. Apesar dos riscos inerentes em caso de acidente e condições de saúde específicas, há quem defenda a posição de cabeça para baixo como benéfica para a circulação, a coluna e a respiração.

Sombra

Existe um momento certo para voltar a se mover, e, se ele é ignorado, o resultado pode ser uma conformação que leva à prostração ou mesmo à morte. Como diz a canção de Seixas, Coelho e Motta, “não pense que a cabeça aguenta se você parar"[36]. Pessoas ansiosas têm mais dificuldade de lidar com este arcano; a sensação e a limitação que ele apresenta se traduzem como perda tempo.

Há o padrão mórbido de se colocar em situações de sacrifício, contenção, vivências previsivelmente infelizes. A tendência à martirização deve ser evitada a todo custo.

Vida Profissional

Profissões e atividades que lidem com líquidos (especialmente água) são relacionadas, mas não espere agilidade e rapidez. Favorece atividades que tenham a ver com contenção de fluxo, organização de logística e percepção a partir de pontos de vista opostos à norma-padrão.

Vida Afetiva

Relacionamentos tóxicos, baseados em punição e sofrimento. Sacrifício como demonstração de amor. Pessoa que se deixa invadir por outras, a vítima, o cordeiro pronto para o abate.

Vida Espiritual e Intelectual

Avanço em termos de espiritualidade e compreensão do mundo. Experiências duras, mas das quais se extraem conhecimentos úteis para situações futuras. Favorece os estudos, especialmente quando se dispõe de tempo para estudar.

Amizades

Arcano solitário. Mesmo quando se tem muitas amizades, a sensação é de solidão, incompreensão, isolamento.

Pergunta

Estaria você dando murro em ponto de faca, resistindo ao inevitável?

Sugestão

Aceita que dói menos.

---

36. *Tente outra vez*, *in* Novo Aeon, Philips, 1975.

Magia

O uso deste arcano em magia é recomendado quando se deseja bloquear algum fluxo e enxergar uma situação de um ponto de vista isolado e distante.

Missão

Ver o mundo a partir de uma perspectiva completamente nova.

XIII. Morte

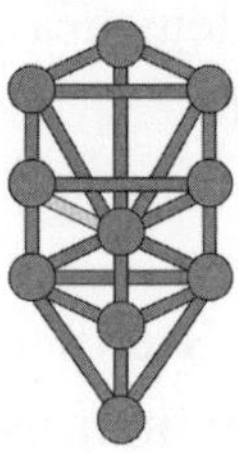

Árvore da Vida: O eixo Tiphareth — Netzach

Número: 13, a destruição da perfeição de 12, fim de ciclo

Descrição: Há vários tipos de morte, desde a física, a mais temida, até mortes simbólicas, como separações e mudanças em geral. Mudança é a lei básica da vida, logo a morte é apenas o outro lado da moeda. Uma vida inerte, em que nada muda, é uma morte em vida. Nem a mais estagnada das existências passa incólume às mudanças que o tempo traz. A Morte é apenas a mensageira e guardiã desse mistério.

Após um período vendo o mundo de cabeça para baixo, é claro que O Andarilho teria de passar por uma morte, uma metamorfose. Um esqueleto segura uma foice, duplo símbolo de Saturno, e carrega na cabeça o capacete de Osíris, deus egípcio identificado com o Sol durante a morte, ou seja, o Sol Morto, símbolo de morte e da consequente ressurreição.

Este arcano representa a experiência de quem já morreu e se transformou, e por isso tem o conhecimento do maior dos Mistérios. Osíris foi morto, esquartejado e jogado no Nilo pelo irmão, Set. Ísis, sua irmã e companheira, resgatou as partes do corpo — com exceção do pênis, que foi devorado por um peixe[37]. Ela compartilhou seu sopro vital com o irmão morto, logrando assim ressuscitá-lo, ainda que amputado. Esse detalhe explica bem o porquê de as correntes religiosas osirianas

37. Repare no peixe na altura do púbis do esqueleto.

(como judaísmo, cristianismo e islamismo) restringirem a sexualidade de seus adeptos.

No alto do capacete vemos uma águia, símbolo de realeza e superioridade nas mais diferentes culturas, animal diretamente relacionado com os deuses de diversas culturas. Há também um escorpião e uma serpente. O escorpião simboliza descida ao submundo, autodestruição e morte, quem não mede consequências nem para si próprio, menos ainda para os outros. É de conhecimento geral que a serpente representa sabedoria e renovação (por trocar de pele), além de ser um óbvio símbolo fálico. Ela também é figura frequente em religiões pagãs e neopagãs, e aparece neste arcano envolvendo o peixe, símbolo das religiões monoteístas. Esse mesmo peixe é aquele que devorou o órgão de Osíris esquartejado, sugerindo uma inversão. Os seres cortados pela foice do esqueleto mergulham em borbulhos que são como lembranças do passado, como um sonho aquático, uma memória distante.

"Morra, senão você morre" é o que sussurra este arcano. O aroma associado é o de benjoim. Nenhuma droga é relacionada a ele, o que sugere ser a morte uma espécie de intoxicação não identificada.

Número — 13

Tão polêmico quanto o arcano ao qual é relacionado, este número tem simbologia complexa, pois representa tanto o agourento 13 referente ao 13º à mesa[38] quanto a libertação do condicionamento forçado de 12, O Pendurado. O arquétipo do número 1 emula o de 4 (resultado de 1 + 3) por meio do arquétipo-ponte de 3.

Astrologia — Escorpião

Intempestivo signo de Água, radical, emotivo, intenso. Não mede esforços nem calcula sequelas. Resultados da explosiva combinação Marte/Plutão, escorpianos podem ser violentos, rancorosos, tenebrosos. Mas fascinam por sua capacidade de viver no risco, no abismo, pulando corda nos trilhos do trem.

38. Referência à lenda cristã segundo a qual Jesus teria sido o 13º à mesa em que se reuniram seus apóstolos, dentre os quais estava Judas, que o trairia em seguida.

Em se tratando de um escorpiano evoluído, poderá tirar proveito do gosto por prazeres tenebrosos e não se machucar — ou ao menos não se machucar muito... ou seria uma certa dor parte essencial do universo escorpiano?

Letra Hebraica — Nun נ

Letra cuja imagem é a de um peixe, aquele que vem com a onda (imagem da letra anterior, Mem, ligada ao Arcano XII), um símbolo de morte, degeneração e geração através da putrefação. A Iniciação é guardada de ambos os lados pela Morte.

Caminho Cabalístico — 24 (Netzach — Tiphareth)

Este é o caminho de união entre Vitória e Beleza e representa a dissolução da personalidade inferior na personalidade superior. Portanto, é um caminho de Iniciação, ou mesmo de Iluminação. Atenção, pois nada disso implica santificação nem bondade absoluta, mas sim uma mudança de paradigma e um aprendizado sólido.

Luz

Tudo o que se conseguir extrair de positivo de uma morte é vantagem, além de ser uma forma de magia. Muitas rupturas são não apenas necessárias como prazerosas, como um exercício de alongamento que no começo incomoda, mas, no final, liberta os músculos. As pessoas costumam se negar a mudar seus padrões deteriorados de conduta ou ponto de vista só por comodismo e medo do novo. Bendito seja aquele que descobre o prazer de correr um certo risco e a alegria de se jogar no abismo: caímos em um abismo profundo quando nascemos, a vida é uma longa queda (ou um longo voo, e aqui está um ensinamento que entendedores entenderão) cujo desfecho se dá na hora da morte).

Sombra

Quando o foco vai para o aspecto tenebroso da morte, imperam a dor, a impotência, a incapacidade de reverter as coisas ruins; o mergulho em um abismo de terrores, um pesadelo. A sensação é de estar "caído" na Terra, aprisionado a um corpo. Todo trauma é de separação e corte. Todas as mortes físicas ou simbólicas são vivenciadas em desespero e desolação.

Vida Profissional

O momento é de transformação, a qual se dará por meio de atitudes decisivas ou graças às circunstâncias. O corte que transforma vem por iniciativa própria ou por "destino". O momento pode ser restritivo, mas a restrição deve ser encarada como um caminho para um bem maior.

Vida Afetiva

Relacionamentos sob a égide do Arcano XIII sempre morrem, de uma forma ou de outra. Quer dizer: ou acabam, ou se renovam. Se a morte não for o fim, terá de ser uma renovação — não há uma terceira opção.

Vida Espiritual e Intelectual

Oportunidade de desenvolver uma postura mais coerente com a consciência espiritual — este arcano indica a percepção da diferença entre o perecível e o não perecível, análoga à diferença entre corpo e alma. Logo, qualquer tipo de estudo é favorecido, porém apenas se a intenção for ir até o fim, mergulhar fundo no assunto. Finalize o que começar.

Amizades

Este arcano só preserva amizades consistentes; as superficiais se desfazem. Cuidado com amigos mórbidos, aqueles que só estão ao seu lado quando você está mal, pois estes serão os mesmos que lhe rejeitarão quando você estiver bem.

Pergunta

Você está pronto(a) para o fim de algo ou alguém que significa muito para você?

Sugestão

Normalize a morte em sua cabeça e em seu coração. Leia livros e assista a filmes sobre o tema.

Magia

O uso deste arcano em magia é recomendado quando se deseja finalizar algo.

Missão

Libertar-se do medo da morte.

XIV. Arte

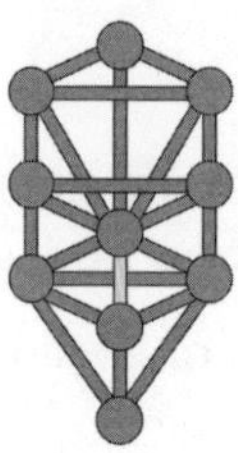

Árvore da Vida: De Yesod a Tiphareth

Número: 14, o equilíbrio do 7 duplicado

Descrição: Está diretamente relacionado com o sexto arcano, Os Amantes. O encontro delineado naquele aqui se dá por concluído, transformando os dois seres em um só, andrógino, composto pelo Príncipe Mouro e pela Princesa Nórdica. Agora o casal forma um ser de duas faces, uma azul-escura e outra branca, e dois braços, um de cada cor. O braço azul-escuro deposita raios em um caldeirão dourado, e o branco derrama a água proveniente de uma taça azul. O Leão Vermelho do Arcano VI torna-se o Leão Branco; e a Águia Branca, a Águia Vermelha. É a Arte Alquímica.

Crowley rebatizou este arcano devido à distorção promovida pelos mandamentos cristãos, que incluem a temperança como uma qualidade obrigatória, distorcendo o aspecto relativo e abrangente do sentido original do arcano Temperança, que tem a ver com concentração, equilíbrio, direcionamento. A Arte Alquímica requer tudo isso. Da mesma forma que ocorreu com o Arcano XI, o princípio do arcano XIV está disfarçado nos baralhos medievais originais. Sua imagem no Tarô de Marselha é a de um anjo, criatura equivalente no cristianismo ao Andrógino Alquímico. Ele derrama um líquido de um pote a outro — ilustração velada de uma operação alquímica.

No Tarô de Thoth, este andrógino é também Diana, a arqueira, deusa lunar de vários seios. Repare que os seios se ordenam no peito do andrógino como seis planetas que rodeiam o Sol ou os seis metais que cercam o ouro. O vestido é verde, cor da comunicação e da clorofila, desenhado com serpentes e abelhas, as quais são vistas em separado nas vestimentas do casal do Arcano VI. Há duas luas ao alto, e um disco solar ao fundo, no qual se lê "*Visita Interiora Terrae Rectificando Invenies Occultum Lapidem*", ou seja, "Visite o Interior da Terra e, retificando, encontrarás a Pedra Oculta" — um axioma alquímico. Na base do caldeirão de ouro, nota-se o desenho de um corvo pousado sobre a caveira, retratando a prevalência da vida sobre a matéria.

Toda operação alquímica é um rito que reflete a transformação interna que se dá no praticante de alquimia. Seus processos químicos representam uma ponte de conexão com a alma. Tais processos usam a química como alegoria, apesar de as práticas serem reais enquanto matéria. Nesse sentido, a química seria quase uma profanação da alquimia. O Arcano XIV é a junção dos opostos, a ligação entre o profano e o sagrado, o masculino e o feminino. É quando ocorre não apenas o encontro mas também a integração — masculinidade assimilada pela mulher e feminilidade assimilada pelo homem. O Novo Éon prevê a mistura e a indefinição das polaridades, e hoje, na terceira década do século 21, sabemos que isso já é um cenário real. Os padrões de masculino e feminino se misturam cada vez mais. O conceito de bem e mal se dilui, e aquilo que era considerado desejável se torna repugnante e vice-versa.

Neste arcano não há tensão. É relacionado a Nephthys, esposa e irmã de Set, irmã de Ísis e Osíris e mãe de Anúbis. Nephthys abandonou Set quando este matou o irmão Osíris, e foi quem ajudou Ísis a ressuscitar Osíris e criar Hórus.

Número — 14

O impulso do 1 canalizado pela firmeza do 4 provoca a mutação do 5 resultante. O número 14 representa o ponto de equilíbrio dos opostos, onde se misturam os diferentes e se dissolvem a oposição e a tensão. De certa forma, 14 é um 5 "atrasado", o que, se por um lado diminui o furor da mudança, por outro confere a ela uma qualidade permanente por meio dos desdobramentos que gera.

Astrologia — Sagitário

Signo solar regido por Júpiter, mutável, parte homem e parte animal, aponta a seta para o objetivo e segue o rumo que ela cria no ar, mesclando impulso e razão.

Letra Hebraica — Samekh ס

Um apoio — no caso, um objeto, apoio de mão ou de braço. Suporte, travesseiro. O útero que preserva a vida. Autocontrole e autossacrifício regem o fluxo. Autofecundação. Equivalente a S.

Caminho Cabalístico — 25 (Yesod — Tiphareth)

Este caminho liga o Fundamento à Beleza e representa a evolução da psique lunar para a intuição solar. É um caminho de tentações e testes. Momento de provação.

Luz

Consiste em concentração nos próprios objetivos, capacidade de combinar e coordenar as coisas, complementação, encontro do ponto de equilíbrio, conciliação. Agora é o momento de preparar com gosto o próprio alimento, de se esforçar e preparar sua poção mágica, fazer seu próprio remédio. É a oportunidade de tornar-se uma criatura mais refinada, perceptiva e sintonizada. A atividade requerida é sutil, planejada e contínua. Concentração e dinamismo combinados geram sintonia.

Sombra

Prostração, preguiça, contemplação excessiva, timidez. A pressa é inimiga do perfeccionismo que este arcano retrata. Mas ele também reflete pessoas que estão sempre aperfeiçoando algo sem jamais deixar o fluxo correr livremente, sem jamais finalizar a inalcançável meta da perfeição. É importante não deixar que placidez vire inoperância e que o sagrado ócio vire mofo.

Vida Profissional

Representa profissionais que lidam com química, exames, fórmulas e afins, mas também a culinária, que é uma forma de alquimia. Pode ser frustrante para quem espera desenvolvimento rápido no plano material. Preciosismo indispensável gera atraso inevitável.

Vida Afetiva

Casais ou duplas encontram um meio-termo, um denominador comum. É a elevada integração de duas psiques e corpos em um só. Pode representar gravidez ou educação de crianças; tolerância, paciência, capricho. Um aprendizado que resulta de muita observação e análise.

Vida Espiritual e Intelectual

Equilíbrio e percepção da harmonia entre os opostos, elevação do estado mental. Compreensão da unidade na dualidade. Integração, centralização. Sendo o dobro de 7, representa a pós-graduação do estudo, seja no sentido simbólico ou mesmo literal.

Amizades

Convivência com pessoas que colaboram e complementam. Solidão em seu melhor sentido, a solidão criativa e a concentração em si mesmo. Mais qualidade do que quantidade. O diálogo mental interno aplicado de forma inteligente.

Pergunta

Você tem coragem de reconhecer as próprias contradições?

Sugestão

Saboreie a lentidão do processo.

Magia

O uso deste arcano em magia é recomendado quando se deseja equilibrar, pacificar, harmonizar alguma coisa.

Missão

O mergulho mais profundo no próprio interior, de onde se enxerga todo o universo.

XV. O Diabo

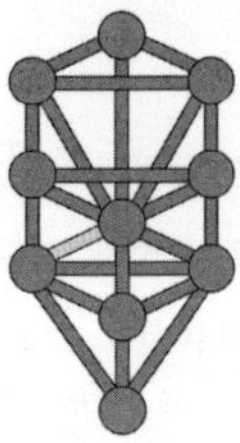

Árvore da Vida: De Tiphareth a Hod

Número: 15, a plenitude dos sentidos

Descrição: O desenho da carta mostra um bode, símbolo de Capricórnio, com seus chifres espiralados apontando para o alto em direções opostas, sugerindo que a evolução se dá em voltas. Atrás do bode, que ocupa o centro da figura, há um grande falo, cuja ponta ostenta anéis de Saturno ao seu redor e cujo saco escrotal, que alude aos espermatozoides ansiosos pela chance da vida, contém pessoas. Perceba que o testículo esquerdo contém mulheres, e o direito, homens. Isso insinua algo quanto às direções, pois o lado esquerdo seria o feminino, sombrio, noturno; e o direito, solar, luminoso, masculino.

O bode é Pan, que tem um terceiro olho no centro da testa simbolizando sua visão espiritual aguçada. Ele a tudo assiste, de tudo participa e com tudo se deleita, daí seu sorriso dócil e zombeteiro. Não se choca com nada, para ele o todo de tudo é alegria. Delineando seu êxtase permanente, ele é coroado com cachos de uvas. À sua frente, um caduceu de Mercúrio, mas não é o caduceu típico, no qual as serpentes se cruzam. No caduceu do Arcano XV, que vem do centro da Terra, as serpentes contemplam lados opostos. O falo, que pode ser visto como uma árvore cujas raízes são os testículos, adentra a infinitude dos céus. As formas ao fundo da carta são a expressão plástica do delírio da loucura primaveril, o êxtase do florescimento, a dança dos hormônios, o culto pagão à Deusa, a magia do sexo.

Este é um arcano de impulsos, expansão, ambição e crescimento; a matéria como fonte de prazer e degustação, a benção da vida como prêmio, e não fardo. É uma forma de dizer "sim" à vida e a todos os amores. O Diabo é aqui compreendido como as forças da natureza, não como um ser maligno e destrutivo. O velho é destruído pelo novo, esse ciclo é, porém, espiral, não retilíneo. No Novo Éon, o valor pagão do bode arquetípico é resgatado da caricatura diabólica à qual foi reduzido pelo cristianismo. O cristianismo teve seu sentido no Velho Éon, mas não no Novo Éon.

O Deus Pan foi posto em hibernação pelos cultos osirianos, mas agora renasce como Hórus, o Deus da Nova Era, sobrepujando o Cristo histórico. Set, o assassino de Osíris, é um deus violento e de guerra, todavia é o que sobrevive à lei da selva. Foi muito benquisto como deus dos desertos durante a 19ª dinastia. O aroma de almíscar é harmônico com este arcano. Crowley considera *Orchis* a droga relacionada.

Número — 15

Três vezes o cinco, o triplo pentagrama, a corrente elétrica do sexo, o impulso. Amor e violência combinados. Desejo intenso, desprendimento. Avidez por sensações, primitivismo. Ambição que precisa ser saciada.

Astrologia — Capricórnio

Signo cru, objetivo, pé na terra. Materialista. Pessoas persistentes, dedicadas, ambiciosas, um tanto rudes ou duras. Capricornianos são sérios e metódicos, mas seu impulso interno é avassalador.

Letra Hebraica — Ayin ע

Sua analogia é com o olho e sugere um meato, um canal, condutor, o Olho que Tudo Vê, o aspecto mais material de tudo. Sua equivalência no alfabeto romano é a letra O.

Caminho Cabalístico — 26 (Hod — Tiphareth)

Este caminho conecta o mercurial e racional Hod com o ego ensolarado de Tiphareth; um caminho belo e de grande consecução e aquisição.

Luz

Este arcano representa a evolução em si própria, o salto quantitativo do desenvolvimento em todos os planos: no espiritual, pois Pan aparece com três olhos e dois chifres espirais apontando para o alto; no financeiro, pois este arcano simboliza o deleite sobre o ouro da terra; e no sexual, pois representa o próprio tesão. A Iluminação se dá através do prazer, não pela dor ou penitência.

Sombra

A materialidade pode adquirir tons sinistros quando a pessoa se prende a ela como fonte única de prazer. Aí, então, aparecem os dois diabinhos, que são retratados nos baralhos de origem cristã presos aos pés de um "diabão" grotesco: o ser humano grosseiramente dominado pelos impulsos mais vis.

Vida Profissional

Sugere dinheiro, fama, reconhecimento, crescimento. A conquista vem em um impulso único e decisivo, mas que é fruto de um longo caminho percorrido até o bote final. A tentação de sacrificar a ética pela ambição.

Vida Afetiva

Relações passionais, violência psicológica, instintos no comando. Relações carnais e materiais. Amores e ódios exaltados. Apetites inegociáveis.

Vida Espiritual e Intelectual

Retrata o conhecimento do Deus da Terra, aquele com quem você convive no seu dia a dia. Esse Deus pode ser chamado de Natureza, já que a natureza tudo abrange, e Pan significa Tudo. A ambição inerente ao arcano leva ao desenvolvimento de estudos intelectuais e tarefas espirituais. É mais prática do que teoria.

Amizades

Representa abertura a novos conhecimentos, tanto na parte profissional quanto no sentido mundano. A pessoa se expressa diretamente, porém mantém o magnetismo pessoal. Algumas amizades podem ter conotação sexual subliminar.

Pergunta

Quais são seus desejos inconfessos?

Sugestão

Faça o que quiser e arque com as possíveis consequências.

Magia

O uso deste arcano em magia é recomendado quando se deseja lidar com instintos, desejos e poder.

Missão

Conduzir sua própria vida como e para onde quiser.

XVI. A Torre

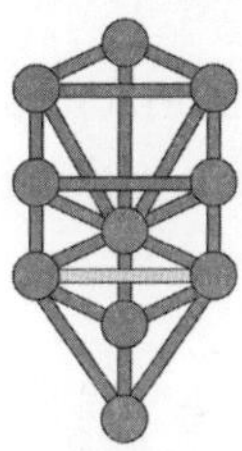

Árvore da Vida: O eixo Netzach — Hod

Número: 16 enquanto 4 × 4, o esgotamento dos recursos

Descrição: Uma torre é aniquilada por um raio que parte do olho de Shiva, deidade hindu da destruição e da transformação. Do raio emana a pomba branca (princípio do sacrifício) e Abrasax, a serpente de cabeça de leão (princípio do equilíbrio masculino/feminino e do desejo). O desenho da carta é em tons de preto, vermelho e laranja, dando uma ideia de inflamação e intensidade. A Torre pode ser aquela de Babel, na qual imperava a confusão e a comunicação se tornou impossível. Portanto, a destruição de uma construção degradada e mastodôntica é, na verdade, uma bênção. A Torre deve ser vista como uma cirurgia para extirpar um corpo maligno; a destruição do que é maligno, uma regeneração.

Do alto da torre caem seres humanos que se despem de sua arrogância e prepotência, igualados pela queda. Como diz a canção da cantora alemã Nico: "*the bridge will show you how to fall*"[39] ("a ponte lhe ensinará a cair"). Ao nível do solo, Dis, deus romano da morte, destrói os alicerces da torre, indicando que a reviravolta se dá tanto no alto quanto embaixo. Este é o arcano da destruição do ego, das convenções, das falsidades, das fraudes e das mentiras. Isto ocorre da maneira mais externa, explícita e objetiva possível. Todos os hábitos ruem e rotinas são rompidas. Os laços são desatados.

39. *One More Chance*, composição de Nico, uma das faixas do disco *Drama of Exile*, de 1981.

Este arcano pode ser recebido com prazer, como quando se está no limiar do insuportável em uma situação, ou com desespero, quando deixamos o apego impedir a renovação da Natureza em nós. Primeiro, é necessário demolir o imóvel deteriorado para depois fazer a terraplanagem, e só então se pode construir algo novo. A Torre representa a demolição como fase prévia da construção. Pode-se também esperar a casa velha cair por si só, aos poucos, deteriorando-se lentamente.

Hórus, filho de Osíris e Ísis, vingador da morte do pai, é associado a este arcano, bem como os aromas ardentes.

Número — 16

O quatro multiplicado quatro vezes representa o fechamento de um ciclo de Terra. O esgotamento de todas as possibilidades prenuncia o radical fim de um período.

Astrologia — Marte

Símbolo de guerra, Marte é o grande incendiário dentre os planetas, aquele que se inflama fácil. Excitado, lutador, dinâmico, enfatiza o aspecto confrontador, desassossegado e demolidor da Torre.

Letra Hebraica — Phe פ

Equivalente à letra ocidental P, Phe tem o formato de uma boca, onde ocorre o processo de destruição para posterior assimilação requerido à alimentação. Em outras palavras, mastigação = destruição, e digestão = assimilação. Esta letra refere-se à Criança Coroada e Conquistadora saindo do ventre.

Caminho Cabalístico — 27 (Hod — Netzach)

Vinculando Razão, Hod, e Desejos, Netzach, o caminho 27 é estabilizador, pois é horizontal. Indica linearidade e retidão através das curvas e dos reveses que fazem parte do caminho.

Luz

Há situações desagradáveis que, por piores que possam parecer, acabam funcionando como uma libertação. O que lhe parece melhor: uma dor longa e moderada ou uma dor intensa e rápida? A Torre corresponde a esta última, um golpe seco e singular nas estruturas viciadas que precisam ser aniquiladas, algo como arrancar em um só movimento as ervas daninhas que destroem a vida do jardim de flores. Todas as rupturas necessárias se fazem sob o olho de Shiva, que é o farol em meio ao caos da destruição da Torre de Babel. É a certeza do fim daquilo que perturba, e isso é bem-vindo, especialmente porque este arcano representa a ruptura com longos processos dolorosos.

Sombra

O objetivo expresso deste arcano é destruir o ego. Quando isto acontece, em qualquer nível, o objetivo está cumprido. Quando não, há uma máscara de dor e experiências difíceis, mas a pessoa não se desprende de sua casca egocêntrica, logo o mesmo processo se repete de novo e outra vez, configurando assim o padrão sadomasoquista que é sombra deste arcano.

Vida Profissional

Recomendam-se trabalhos ou empresas que lidem com demolição, desconstrução, reciclagem, terraplanagem. A Torre sugere uma faxina real e simbólica. Quanto aos bens e negócios, cautela. Não é hora para movimentos determinantes, o momento é confuso; convém esperar o fim da tormenta.

Vida Afetiva

Reestruturação, brigas que podem resultar em separação ou em solução. Possibilidade de solução para problemas de convivência. Transformações absolutas de relações, o que pode ser o caso de um romance que vira amizade ou vice-versa. Este também é o arcano que, na magia sexual, representa o falo após o orgasmo[40], ou seja, decadente, seco, satisfeito, sonolento e em queda livre.

Vida Espiritual e Intelectual

Este arcano guarda uma séria iniciação pela qual só passa quem tem a coragem necessária. É preciso fazer escolhas, ser excludente. Disciplina espiritual não é tentar manter vivo um cadáver, nem esperar retorno de um espantalho. Estudos impenetráveis podem levar à desistência — cada caso deve ser analisado dentro de seu contexto.

---

40. Orgasmo este que é representado no arcano anterior, O Diabo.

Amizades

Assim como na vida amorosa, a tendência é a de reestruturação, podendo incluir rompimentos e brigas. Amizades verdadeiras resistem aos cataclismos.

Pergunta

Você está pronto para aceitar o imponderável e agir no improviso?

Sugestão

Livre-se de qualquer peso desnecessário em sua vida.

Magia

O uso deste arcano em magia é recomendado quando o desejo é destruir.

Missão

Destruir o que já não presta. Aceitar a destruição quando ela aparecer em seu caminho.

XVII. A Estrela

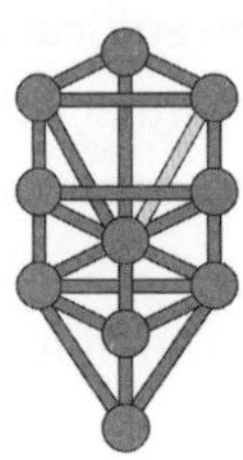

Árvore da Vida: De Chokmah a Tiphareth

Número: 17 enquanto esperança e expansão

Descrição: A linda deusa Nuit, a Senhora das Estrelas, está no centro deste arcano. Seu corpo nu é azulado e curvilíneo, seus longos cabelos em movimento são ondulados como seu corpo. Nuit, também chamada de Nut, é a Deusa do Céu; filha de Shu e Tefnut; irmã e esposa de Geb, a Terra; mãe de Osíris, Set, Ísis e Nephthys. Foi descrita por Crowley como a cortesã de Hadit, mas esta revelação se deu em *Liber AL*, não tendo base na egiptologia tradicional. Nuit é o espaço infinito, ao passo que Hadit é a máxima contração. Neste desenho da carta, aparece a forma humana de Nuit.

A nudez representa despojamento, sinceridade, naturalidade, pureza. Ela despeja com a mão direita, à altura de sua cabeça, a água de um pote de cor verde-musgo claro. Isto simboliza renovação, enquanto a outra mão despeja o líquido da taça de tom verde azulado escuro no mar de Binah. Os líquidos possuem estrutura diversa: a taça que Nuit dispensa em Binah tem linhas retas, referência à antiga ideia de que o mundo seria reto e uniforme, conforme a já ultrapassada geometria euclidiana. Aquela da mão direita apresenta um fluxo estruturado em uma rotação no sentido horário, contrariamente à Estrela de Babalon, mas de forma desordenada, seguindo rotas irregulares e imprevistas. Esta é uma representação do abandono das fórmulas antigas (as materialistas e cartesianas, que se autodestroem no Arcano XVI) para uma aceitação da irregularidade e do caos que caracteriza nosso mundo em desenvolvimento. A Natureza é aparentemente caótica, mas sua harmonia é suprema, e nela residem aspectos fundamentais do conceito de deus ou de deidades. O nosso mundo é redondo; e o universo que o contém, cheio de irregularidades que se provam coerentes quanto mais ampla a perspectiva do observador.

Ao fundo estão pontos luminosos noturnos. Os cabelos dela não têm fim (ou, como diz a própria Nuit em *Liber AL*, "por causa de meu cabelo as árvores da eternidade") e cristais aos seus pés fazem a ligação com o Arcano II, A Suma Sacerdotisa. A Estrela de Babalon surge no canto superior esquerdo. Suas sete pontas indicam a luz no fim do túnel, um eufemismo para o arcano seguinte — que é o túnel em si, seguido pela luz do Sol.

Babalon é a Prostituta Escarlate que monta a Besta do Apocalipse, trazendo a Nova Era e a revolução dos tempos. Perto de sua cabeça, à esquerda, outra estrela de sete pontas realiza o mesmo movimento centrífugo que a Estrela de Babalon, na mesma direção anti-horária. A sensação é a de uma atmosfera hipnótica, pois a perda total vivida no arcano anterior (a declaração oficial da morte iniciada no Arcano XIII) larga espaço para o despojamento daqueles que, por nada ter, com nada se preocupam, e, por não se preocuparem com nada, acabam por entregar-se ao fluxo (a rotação das estrelas, o derramamento de líquidos e a água aos pés de Nuit). Atrás da deusa se encontra o globo celeste que a representa em uma de suas várias formas.

A Estrela representa as situações em que estamos entregues à mercê do fluxo. Ainda assim, há tranquilidade e movimento. Não se trata de um arcano prostrado, como O Pendurado. Existe a certeza de que o "mal" (por mais ingênuo, maniqueísta e binário que isto possa soar) se foi, até porque basta esperar o próximo arcano. As drogas deste são as diuréticas, e o aroma é o de gálbano.

Número — 17

É impossível dividir 17 com precisão. Este é um número difícil, raro, que representa pureza e espiritualidade compatíveis com a vivência da materialidade. É mais conceitual do que prático, mais intencional do que consequente.

Astrologia — Aquário

Signo de objetividade, impessoalidade e abrangência regido por Urano, representa uma ruptura com padrões antigos e a instauração de maiores liberdades individuais. Aquário é um signo fixo de Ar, sugerindo uma estrela que parece estar pendurada no céu. É tido como excêntrico, progressista, experimentalista. Também é símbolo de radicais, de gente que transita entre a loucura e a iluminação e parece estar sempre enxergando mais à frente que os demais.

Letra Hebraica — He ה

Esta é uma das mais polêmicas mudanças que Crowley fez em seu baralho de tarô. Para entendê-la, temos de recorrer a *Liber AL vel Legis*, no qual, de acordo com a lenda, Nuit diz por intermédio de Aiwass:

> "Todas estas velhas letras de meu Livro estão corretas, mas Tzaddi não é a Estrela. Isto também é secreto: meu profeta o revelará aos sábios."[41]

Crowley sentiu-se na obrigação de decifrar o enigma: qual seria a letra correta para o arcano A Estrela? Ele notou que Tzaddi representa o Esposo

41. "*All these old letters of my Book are aright, but Tzaddi is not the Star. This also is secret: my prophet shall reveal it to the wise*", *Liber AL*, capítulo 1, versículo 57.

e que sua etimologia evoca *tsar*, *czar* e outros termos que significam "rei" e são apropriados para O Imperador. A letra antes atribuída ao Arcano IV, He, significa "janela", a letra da Mãe no *tetragrammaton* (Yod-He-Vau-He). Como o Arcano XVII é a manifestação humana de Nuit, nada mais adequado do que usá-la, confirmando a orientação em *Liber AL*. De acordo com Crowley em *777*: "A Mãe é a Filha, e a Filha é a Mãe."

Caminho Cabalístico — 15 (Tiphareth — Chokmah)

A Visão da Divindade, a manifestação da criação pura na mais profunda escuridão.

Luz

A experiência da Estrela é de cura, renovação, mudança de mentalidade, novo estado de consciência. Transformações ocorrem sobretudo no plano mental, no qual são geradas as modificações seguintes. À primeira vista, A Estrela pode estar apenas nua e desprovida de tudo, mas traz por dentro um manancial de vivências acumuladas.

Sombra

Em seu pior lado, este arcano reflete alguém nutrindo uma esperança tola, uma pessoa em estado de negação que vive à espera de que tudo aconteça por si, sem que ela faça nada, sem que ela tome nenhuma iniciativa. Despojamento não deve ser confundido com prostração. A covardia se disfarça de pacifismo. A precariedade é maquiada para parecer humildade. A inoperância é disfarçada de paciência. Atenção para não cair nessas armadilhas.

Vida Profissional

Após um período crítico e árido, o momento é de reconstrução — e não há reconstrução sem esperança. Mas é preciso começar de novo tomando por base apenas o novo, sem voltar a fórmulas antigas, testadas, exauridas. Este arcano não trata necessariamente de ousadia, mas sim de não contar com estruturas prévias que já foram ou deveriam ter sido destruídas durante a passagem pelo Arcano XVI.

Vida Afetiva

Todas as cartas estão na mesa, as pessoas já se conhecem intimamente, a clareza é total. Todos já se despojaram e se despiram. Pode haver dispersão, fator inerente a um arcano aquariano como este, mas a verdade e a simplicidade prevalecem.

Amizades

Muitas vezes um amigo surge como a salvação da lavoura quando se está só e sem expectativas, representando um alento inesperado.

Vida Espiritual e Intelectual

É o momento do *insight*, quando de repente as coisas começam a fazer sentido — a alegoria da luz no fim de túnel. Em termos espirituais, seria algo como o áureo alvorecer após a noite negra da alma. Nuit é a noite negra em si mesma, mas ela contém em seu ventre o áureo alvorecer, já que, do ponto de vista terreno, é a "Mãe do Sol" que está por "nascer". Em relação aos estudos mais pragmáticos, A Estrela recomenda maior atenção aos detalhes, pois sua natureza é dispersa.

Pergunta

Você tem disposição para recomeçar do zero?

Sugestão

Confie no fluxo de acontecimentos do qual você faz parte.

Magia

O uso deste arcano em magia é recomendado quando se deseja purificar, lubrificar, facilitar o fluxo.

Missão

Manter a esperança e o otimismo.

XVIII. A Lua

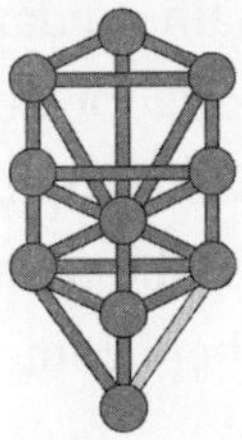

Árvore da Vida: O caminho de Netzach a Malkuth

Número: 18 enquanto animalidade e instintos primitivos

Descrição: Este arcano tem má fama, e há quem o considere nefasto. Até Crowley o via com certas "reservas". Na verdade, não há o que temer. O tenebroso e o nefasto também fazem parte do mundo. Viver o nefasto é uma experiência não apenas válida como imprescindível. Seria possível alguém passar pela vida sem jamais conhecer o sentimento de um mau presságio ou vivenciar uma situação adversa? Sendo o tarô o livro da vida, não há como passar pelo livro (ou seja, pela vida) pulando essa experiência.

A Lua retrata uma iniciação na qual o aspirante deve percorrer sozinho a escuridão da floresta noturna. Para tanto, deve confiar somente em sua intuição e em seus instintos, pois o Sol está escondido. É como se, de certa forma, ele estivesse mesmo "morto" neste arcano, puxado por Kephra para dentro do lago. Essa percepção é uma reminiscência do equivocado pensamento osiriano segundo o qual o Sol morre e ressuscita toda noite, conforme previamente abordado.

Kephra, o deus egípcio que em Heliópolis chamavam de Deus Criador, era considerado uma forma de Ra. Um escaravelho, inseto que cria uma bola de estrume, rola-a no chão e nela põe seus ovos para serem chocados pelo calor do Sol, o representa. O fato de o animal criar uma esfera na qual produz a vida funcionou para os antigos egípcios como sinal de sua ligação com o Sol (Ra), de onde vem toda a vida. Kephra é, então, o condutor do Sol.

Os sinais de mau agouro do arcano são detectáveis através dos chacais que ladeiam o caminho que se abre em frente às águas. Aquilo que a deusa derramou com a mão esquerda no arcano anterior — o líquido da taça escura que representa a lógica do Velho Éon — é aqui purgado e canalizado, surgindo como um córrego de sangue que goteja da Lua (em formato de vagina); dela pingam nove pequenos *yods*, aludindo a gotas de sangue menstrual. Além dos chacais, vê-se uma dupla de

Anúbis[42], deus egípcio de cabeça de chacal, filho de Nephthys, pai de Set. Um deles segura na mão o báculo de Ísis, que é símbolo de Thoth, e o outro leva a *ankh*, símbolo de vida eterna. Chacais costumam rondar tumbas, daí Anúbis ser associado aos mortos. É tido como criador do embalsamamento, contribuindo assim para a ressurreição de Osíris, que teve o corpo preservado por meio dessa técnica, e abrindo caminho para que a magia de Ísis funcionasse. Anúbis era reverenciado também como abridor de caminhos.

As montanhas ao fundo são estéreis, sem qualquer vegetação. Tudo isto é resultado da natural deterioração dos dogmas piscianos e do ponto mais sombrio a que toda era chega para dar espaço ao alvorecer da próxima. Portanto, por mais que esta Lua seja aquela de Hécate, a Negra, a Lua Nova, período de trevas absolutas, não deve ser encarada como má. Só se chega ao Sol passando pela Lua, e depois da Lua virá de novo o Sol, e depois a Lua mais uma vez... o ciclo é infinito e as duas visões fazem parte de todos nós. Todos os narcóticos são associados a este arcano, e seu perfume é âmbar-gris.

Número — 18

6 + 6 + 6 = 18. Ou seja: o número sagrado do Sol, somado, resulta no número do arcano A Lua. A parceria se explicita e, curiosamente, tanto 666 quanto 18 têm má fama, mas são números belos e essenciais à harmonia das coisas e dos seres. O número 18 representa o lado mais escuro de 9, seu primeiro resultado, e, se 9 já é a busca do intangível, o 18 é o arquétipo de uma criatura guiada pelo delírio.

Astrologia — Peixes

Este signo representa pessoas sentimentais, empáticas, carentes, românticas, solícitas. Signo de Água, intuitivo, pode entregar-se ao escapismo e a ilusões por falta de estrutura para encarar a realidade.

---

42. O Éon de Osíris, ou Era de Peixes, associada com o Cristianismo, o judaísmo, o islamismo, o budismo, ou seja, todas as religiões pós-pagãs.

Letra Hebraica — Qoph ק

Equivalente ao nosso Q, tem o formato de uma nuca, relacionando-se, portanto, com o cerebelo. O aquecimento do útero é o ápice da afirmação do lado soturno da mulher.

Caminho Cabalístico — 29 (Malkuth — Netzach)

A conexão entre a mente sutil e o corpo biológico, a Vitória e o Reino em comunhão.

Luz

A evolução da Lua se dá através da superação do medo. É preciso lembrar sempre que este arcano trata de uma iniciação, e nenhuma iniciação é de verdade se não causar algum risco. É nessas horas que se manifesta (ou não) o tigre interno de cada um para desbravar as trevas do inconsciente. A superação da confusão e da ilusão que causam o medo é o único caminho a se seguir. O desenho do arcano mostra que não há como evitar os chacais e o caminho sinistro — a única opção é seguir em frente, ainda que com cuidado. Não se deve entrar em pânico por causa das sombras, inclusive relaxar em meio a elas é sinal de maturidade espiritual.

Sombra

Sua sombra compreende a entrega às ilusões e a imobilização causada pelo medo. A criança teme o escuro quando sua imaginação cria nas sombras contornos ameaçadores e interpreta os ruídos da noite como prenúncios de terror. Mas o terror em si é o próprio mal, com frequência levando a pessoa a buscar compensação para o estrago mental por meio de muletas, drogas, sexo inócuo. Este arcano representa falsidade e engano sob vários aspectos, e a consciência da presença do Arcano XVIII em uma fase da vida ou mesmo na personalidade de alguém significa aprender a caminhar entre cobras com botas de cano longo e muita atenção.

Vida Profissional

O negócio do chacal é a morte alheia. A Lua ocupa o âmbito da lida com a morte ou com a possibilidade dela, ou seja, médicos e profissionais de saúde em geral, bem como funerárias, serviços de saúde, profissionais da área jurídica etc. A Lua sempre sugere cautela: os perigos estão sempre à espreita em seu ambiente.

Vida Afetiva

Uma névoa escurece a clareza das relações pessoais, sobra desconfiança e falta naturalidade. Velhos hábitos acabam corroendo os relacionamentos. A sexualidade tende a assumir seu aspecto mais sombrio.

Vida Espiritual e Intelectual

Voluntariamente ou não, este arcano acaba por aproximar o estudante de modalidades pesadas de artes ocultas. Este é um estágio e, como qualquer outro no caminho mágico, pode ser ultrapassado ou não. Não há juízo de valor: o caminho sinistro é um daqueles à disposição do buscador. Fazer uso dele ou não? Faze o que tu queres!

Amizades

Este arcano é normalmente associado a amizades duvidosas, traições afetivas ou relacionamentos tóxicos em geral — parceiros de vício; sugadores de energia e atiçadores de cizânia.

Pergunta

Qual é o seu maior medo?

Sugestão

Procure uma maneira de assimilar seu maior medo, a fim de superá-lo.

Magia

O uso deste arcano em magia é recomendado quando se deseja caminhar pela via sinistra dos mundos invisíveis.

Missão

Regozijar-se com o enfrentamento do que causa temor.

XIX. O Sol

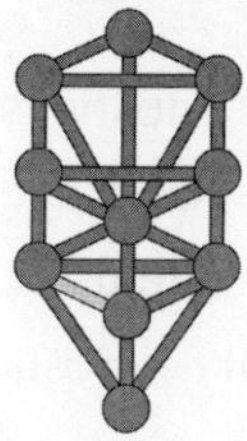

Árvore da Vida: O eixo Hod — Yesod

Número: 19, a elevação de 1 e de 9

Descrição: Uma dupla flor de lótus se abre, representando o núcleo do Sol, e solta 12 raios, que contêm os signos zodiacais. O Sol é uma das melhores traduções do conceito de divindade, pois dessa estrela magnífica derivam e dependem planetas que giram ao seu redor, formando o sistema que leva o nome de seu ponto central e vital, o sistema solar. O brilho da Lua é o reflexo do fogo solar, enfatizando a hierarquia. O Sol é alegremente saudado por um par de crianças aladas como borboletas que celebram a vida e a claridade. Aos pés das crianças está a pomba, símbolo de conexão com o mais alto, em duplo movimento: subindo (a consciência humana ascendendo à divindade) e descendo (a consciência divina descendo ao homem).

Este arcano representa também imortalidade, pois nunca se apaga ou escurece. A montanha verde ao fundo é o oposto das áridas montanhas do Arcano XVIII: pode-se perceber a vida que regozija em sua clorofila ao brilho dos raios matinais. O cinturão que rodeia o monte é aquele que, segundo a tradição hindu, circunda o monte Meru, que é o eixo do mundo.

O Sol é símbolo de prazer, pureza, realização e regozijo. Sua vivência é das mais deleitáveis. Em seu aspecto mais denso, o arcano simboliza a briga entre Set e Osíris (ou entre Caim e Abel). A droga associada a ele é o álcool, e os aromas são olíbano e canela.

Número — 19

Retrata poder, masculinidade, virilidade, individualidade. Este número pode refletir o lado mais canhestro de 1: o ditador — temperamento irredutível e autoritário, disputa de poder e subjugação.

Astrologia — Sol

Símbolo de tamanho e amplitude, é tão essencial que faz parte de todos os demais, já que o Sol é a medida que usamos para nossa localização no espaço-tempo. Nosso planeta gira em torno do Sol, sendo este nosso referencial máximo. O Sol é a base da própria astrologia, que lida com astros que dependem dele.

É um astro de beleza e magnanimidade contagiantes, fonte de todas as energias com as quais lidamos. É o Espírito ou a Alma universal. Rege Leão, que está conectado com o Arcano XI, daí advindo várias teias de interpretação. A mais explícita é a relação Arcano XIX — Sol — Besta e Arcano XI — Lascívia — Prostituta Escarlate.

Letra Hebraica — Resh ר

Esta é *a* letra solar *per se*. Resh tem o formato de uma cabeça, e a cabeça representa o centro solar do corpo humano, pois é dela que se governa todo o resto do corpo. No Sol se encontra o segredo do espírito.

Caminho Cabalístico — 30 (Yesod — Hod)

A conexão entre a mente consciente (Hod) e a mente inconsciente (Yesod). A ponte entre o corpo e a mente.

Luz

O Sol ilumina e pontua todo o processo de crescimento. É um arcano de felicidade natural, pureza, intuição aguçada, sucesso e fulgor. Os últimos Arcanos Maiores se mostram cada vez mais simples, sintetizando as sutilezas dos primeiros. O Sol inspira boas ideias e ideias brilhantes. Indica simpatia, popularidade, exposição de mídia. Os holofotes estão voltados para a pessoa em questão.

Sombra

O deslumbramento com o poder é um dos pontos indesejáveis deste arcano. Além disso, seu ego colossal pode desperdiçar oportunidades por pura arrogância. O excesso de autoconfiança elimina qualquer crítica ou autocrítica. Ter os holofotes voltados para si não é bom quando você não quer que te vejam. Quem deseja ou precisa de discrição deve ficar sabendo: sim, está todo mundo de olho em você.

Vida Profissional

Favorece o investimento em publicidade, o que vai além de contratar publicitários — por exemplo, relaciona-se a propaganda pessoal, propaganda boca a boca e consolidação por notoriedade indiscutível. Profissões e atividades que dependam da aprovação pública têm a ver com o ambiente do arcano.

Vida Afetiva

Entusiasmo, motivação, animação. Momentos felizes, risos e comemorações. Atenção para que as necessidades dos outros também sejam observadas. Amor à primeira vista, seja amor romântico, amizade ou atração sexual. Competitividade inevitável.

Vida Espiritual e Intelectual

Estimula o contato com o lado solar da força, com as belas e orgulhosas deidades solares. Seu intelecto é brilhante. A grande tolice contida no mesmo símbolo decorre da possibilidade de obnubilar-se com a própria sabedoria, fechando-se assim para novos aprendizados. Isto pode levar até mesmo ao retrocesso por excesso de rigidez e por uma falsa sensação de comando.

Amizades

As pessoas estão receptivas e simpáticas, e as amizades simbolizadas pelo Arcano XIX costumam ser valiosas, apesar de certa competitividade implícita. Por outro lado, lembre-se de que o verão é a época em que as baratas saem das frestas, e o calor da lâmpada atrai insetos. Não há como ser "bom" a não ser em contraste com o "mau". A representação do "mal" precisa existir (talvez em autossacrifício) para que o "bem" possa brilhar. Os extremos se tocam, e o Sol é uma extremidade.

Pergunta

Você está pronto para brilhar?

Sugestão

Ouse querer, queira conseguir, consiga como quiser.

Magia

O uso deste arcano em magia é recomendado quando se deseja ampliar algo, jogar luz sobre alguém, ganhar notoriedade.

Missão

Tomar as atitudes necessárias para conseguir o que deseja.

XX. O Éon

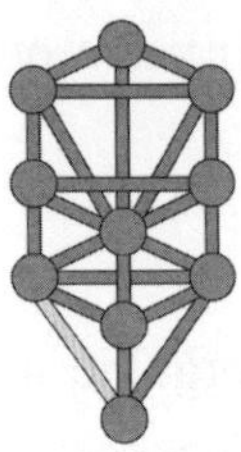

Árvore da Vida: De Malkuth a Hod

Número: 20, a fortificação de 2

Descrição: A carta apresenta uma bela pintura com figuras sobrepostas e entremeadas, em que predominam tons alaranjados e azulados. Um enorme menino, nu, de olhos profundos, leva a mão à boca, evocando simultaneamente o ato infantil de chupar o dedo e o Sinal de Silêncio, usado em rituais de magia.

O Sinal do Silêncio resume a ideia do Novo Éon, o Éon Sem Palavra, ou Éon do Silêncio, apesar de ter sido cogitada a possibilidade de Abrahadabra ser a palavra do Éon de Hórus. Harpócrates, no entanto, não deixa dúvida: seu gesto de silêncio não abarca nenhuma palavra.

> *"Crowley não proferiu uma palavra porque o Éon de Hórus, sendo o Éon da Besta em conjunção com a Mulher no silêncio vibratório simbolizado pela fórmula psicossexual de Set, não tem fórmula verbal específica. O ato em si É a palavra, ou melhor, o ato cria forças no éter que o Adepto pode modelar em qualquer imagem que desejar."*[43]

O menino é Hoor-paar-kraat[44], ou Hórus criança. Dentro dele vemos Hórus adulto, patrono do Alto Egito, deus de guerra e conquista, Deus

---

43. Grant, Kenneth. *Frater Achad e o culto de Ma-Ion*. Disponível em: https://mortesubita.net/thelema/frater-achad-e-o-culto-de-ma-ion/.

44. Harpócrates.

da Cabeça de Falcão, bastante popular na cultura do Antigo Egito. Na cabeça da criança está novamente a serpente como símbolo de sabedoria, magia e poder. O arcano rebatizado como Éon representa o momento de transição de uma era a outra.

Aos pés de Hoor-paar-kraat, uma grande letra Shin, a letra hebraica associada ao Arcano XX, dentro da qual há três bebês a ponto de nascer que simbolizam a renovação em curso e os princípios feminino, masculino e andrógino, observando que androginia é uma das características marcantes do Novo Éon; as barreiras entre os gêneros estão cada vez mais difusas.

Nuit envolve o menino formando um arco com seu corpo de céu noturno. O corpo de Nuit contém a Lua, além de seios como luminárias ou faróis. Abaixo dela está Hadit, representado como um Ovo Alado, a contração máxima em resposta à infinita expansão de Nuit.

Este arcano retrata um processo de rompimento com o passado e abertura ao futuro. E é neste ponto que reside a diferença fundamental entre o Arcano XX do Tarô de Thoth e o Arcano XX que aparece nos demais baralhos: "O Julgamento" e "O Juízo", entre outros títulos do baralho antigo, são símbolos do resgate das culpas do passado e da purificação deste, um conceito do Velho Éon que não tem mais cabimento nos tempos atuais.

Para o pensamento sintonizado com a egrégora da Era de Peixes, o Apocalipse é o fim do mundo, quando, na verdade, é apenas o fim de uma era e o início de outra — ainda que com todas as dores inerentes ao rompimento. O que para o Velho Éon era morte, para o Novo Éon representa a vida. Portanto, O Julgamento enfatiza a culpa (quem está sendo julgado é um réu, logo pode ser condenado) como maneira de tentar preservar dogmas caducos. Mas, para O (Novo) Éon, os antigos dogmas acabam a seu tempo, e devemos ser como crianças descobrindo um novo mundo em uma nova fase. Todos somos crianças da Nova Era, do Novo Éon. É o arcano associado a Hades, guardião do inferno.

Número — 20

Se o número 10 fecha o primeiro ciclo, o número 20 obviamente fecha o segundo. Essas efemérides estão em sintonia com a ideia de um Primeiro Éon — o de Áries, de Ísis, da Deusa, do Deus Chifrudo —; de um Segundo

Éon — o de Peixes, de Osíris, de Jesus, do Deus Sacrificado — e de um Terceiro Éon — de Hórus, do Deus Guerreiro e Conquistador, do Deus Criança, do Deus Andrógino. O número 20 representa uma transformação épica, grandiosa, notadamente de dentro para fora, ao contrário do padrão predatório de conquista do éon anterior.

Astrologia — Elemento Fogo

Este é um dos arcanos dos elementos. O Fogo é o elemento material mais próximo do espírito, do éter. A chama renovadora do Novo Éon torna mais sutil o que é explícito e mais claro aquilo que é velado. Há um clarão de compreensão, a iluminação espiritual.

Letra Hebraica — Shin ש

Esta letra, a terceira letra-mãe, chama-se "o dente". Sua concepção está conectada ao ato de devorar. A criança mantém o dedo na boca como sinal de silêncio, e, ao mesmo tempo, está assimilando (devorando) tudo que a cerca.

É a letra do deus egípcio Shu, cujos braços e cabeça, separando Nuit e Geb, formam a letra Shin.

Caminho Cabalístico — 31 (Malkuth — Hod)

Este caminho conecta Hod, a Glória, a Vontade de Manifestação, com Malkuth, o Reino Manifesto. É um caminho de regeneração cujo contato eleva e purifica os aspectos inferiores do mundo material.

Luz

Toda evolução apontada neste arcano provém da capacidade de romper com hábitos, tradições e dogmas antigos. Por isso a imagem da criança cabe no arcano, pela pureza de ver o mundo com olhos como se fosse a primeira vez. E não se trata de pura mudança estratégica ou inovação de planos — estamos falando de renascimento, regeneração, reconfiguração, ressignificação.

Sombra

Qualquer forma de apego ao antigo, de manutenção das tradições, de estacionamento da evolução — tudo isto representa deterioração sob a Nova Ordem, cuja lei é "Faze o que tu queres". Mas que essa percepção não seja reduzida ao maniqueísmo e à vulgaridade do falso debate entre rebeldia e conservadorismo. Não se apegar ao antigo está bem além de trocar de figurino. Ressignificação é a fórmula.

Vida Profissional

Retrata o momento de se rever os métodos econômicos e a vida profissional como um todo. Pode inclusive representar a passagem da vida de estudante para a vida profissional ou de um determinado estágio da carreira para outro.

Toda vez que este arcano entra em uma leitura, aponta um período especial, um ritual de passagem, uma declaração de transição.

Vida Afetiva

As relações pessoais não se excluem da varredura provocada por este arcano. É também ruptura e transição, podendo mostrar o início de um relacionamento importante, ou um casamento, ou mesmo uma separação. Há um despertar para todas as implicações nebulosas de uma relação, a clareza sobre quem é quem, já que este arcano revela tudo o que está escondido.

Vida Espiritual e Intelectual

Este talvez seja o mais espiritual dos arcanos, no sentido de representar quem se deixa possuir pela "febre do além", como dizia Fernando Pessoa, ou seja, aqueles que estão sempre em busca de novos campos a serem descobertos. Assim é o espírito: ilimitado, sempre em busca de algo novo, uma experiência diferente, outro ponto de vista. Quem perde a curiosidade e o interesse perde a vontade de viver.

Amizades

Transformação e desapego fazem parte dos relacionamentos de amizade, especialmente no que diz respeito aos amigos mais jovens. Ou os relacionamentos são redesignados, ou perdem o sentido de ser.

Pergunta

Você quer mesmo evoluir ou apenas se acostumou a um conceito social abstrato do que seria evolução?

Sugestão

Abandone o passado e não olhe para trás.

Magia

O uso deste arcano em magia é recomendado quando se deseja superar algo ou alguém.

Missão

Renascer.

XXI. O Universo

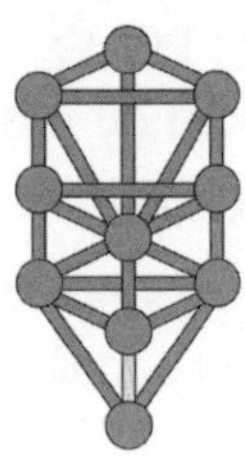

Árvore da Vida: De Malkuth a Yesod

Número: 21, a totalidade do triângulo septágono

Descrição: Nos quatro cantos da imagem, quatro fontes em formato de máscaras jorram água pela boca e pelas narinas. Cada uma representa um elemento, e todas enquadram a figura central, o Éter Alquímico do qual os outros quatro se originam. Nesta figura ele aparece sob a forma de um andrógino que dança com uma gigantesca serpente, pisando-a na cabeça enquanto segura uma foice. A foice retrata o momento da colheita, quando se pode desfrutar dos resultados.

O mesmo Olho de Shiva que aparece no Arcano XVI reaparece aqui, conectando a ponta do rabo da serpente através de um dos raios (o mais grosso e dourado) que partem do centro do Olho. Mais oito raios, de variados tamanhos e tom dourado-escuro, partem do Olho, além de um raio azul-amarelado que atinge o corpo da serpente. Ao redor desta e do andrógino, uma trama de teia e luzes — a Via Láctea — forma uma pena de pavão, animal associado a Krishna. Ao fundo, um triângulo oco e furado, arredondado e retorcido, em um movimento de ápice e maturação, alude ao bode de Saturno. O Universo é o ponto máximo, após o qual só restam as possibilidades do nada ou do recomeço em outro nível.

O outro lado deste arcano reflete a ideia de que, após a consecução e a aquisição, a possibilidade de perda é a única direção. A existência é necessariamente não estática e precisa passar por constante transformação. Portanto, o andrógino ao centro é como o equilibrista permanente, que a qualquer momento pode cair. Esse andrógino é o mesmo que aparece na Arte. Naquele arcano, porém, ele ainda se encontrava em transformação e tinha seus dois lados combinados como água e óleo, ou seja, não misturados. Aqui o andrógino tende à forma feminina, mas lida com uma serpente, símbolo de virilidade. Embaixo, ao fundo, está o desenho da Casa da Matéria, que contém os 92 elementos químicos distribuídos hierarquicamente.

É o arcano de síntese, consecução, finalização. Associado a Sebek, deus-crocodilo egípcio que abriga em si os quatro deuses elementais, e a Crono, que se tornou Pai dos Deuses após destronar da função o próprio pai (Urano) cortando-lhe os testículos. Daí em diante, Crono comeu todos os filhos que teve, temeroso de que com ele ocorresse o mesmo. Mas Zeus nasceu, e acabou drogando e derrotando o pai. Ápice e queda são faces da mesma moeda.

Número — 21

Três vezes sete. Obra realizada, coroamento. Obra em púrpura. Um ciclo que se fecha.

Astrologia — Saturno

Senhor da Forma e da Matéria, Saturno rege o conceito de Grande Obra como nós humanos o conhecemos. É a manifestação do Espírito na Matéria.

Letra Hebraica — Tau ת

O deus assassinado. Equivale à letra T do alfabeto ocidental. Seu nome/forma é uma cruz egípcia específica. Saturno e a Terra estão englobados no simbolismo do Tau. É o fim de todo o alfabeto, o que já insinua um recomeço. Crowley escreveu, referindo-se a esta letra: “O Universo é o Hexagrama”.

Caminho Cabalístico — 32 (Malkuth — Yesod)

Este é o último dos caminhos da Árvore da Vida, que também pode ser o primeiro[45]. Eis aqui o caminho que conecta o Reino de Malkuth e o mundo da psique lunar, Yesod. É a fronteira entre matéria e espírito.

Luz

Se o Mundo é seu, abrace-o com pernas e braços, enquanto ele está aí, já que, como tudo na Natureza, ele também passará por mudanças de todos os tipos. Aproveite, pois você está no ápice de um momento, no cume de uma fase. Fecham-se os ciclos, terminam-se as histórias. Esta é a ponte para o recomeço.

Sombra

Dependendo dos aspectos da carta[46], pode representar tensão de rompimento, fim, morte, transformação, ruptura radical, resistência às mudanças, instabilidade reprimida, sensação de prisão, claustrofobia. Se existe apego, este arcano é cruel e o mundo é vasto.

Vida Profissional

Este arcano encoraja investimentos e desenvolvimento de ideias ousadas mas há muito acalentadas. Tudo acontece de modo firme e sustentado, nada é aleatório nem repentino, todas as coisas são o resultado do investimento que já vem sendo feito.

Vida Afetiva

Sugere relações com pessoas mais velhas ou com pessoas responsáveis e firmes, de caráter maduro — pessoas saturninas. As relações amorosas se dão sob um teto de confiança e segurança. O amor é estável, a paixão não. Pode ser o fim de um ciclo na família.

---

45. Dependerá de como você está utilizando a Árvore da Vida, se em movimento descendente ou ascendente.

46. Quer dizer, as outras cartas que a cercam, as circunstâncias em que o arcano aparece etc.

Vida Espiritual e Intelectual

Representa o amadurecimento final necessário para que se realize a transição de um ciclo a outro. O ápice de um processo. Grande conquista, mudança de nível.

Amizades

Os relacionamentos do tipo Arcano XXI costumam ser marcados por estabilidade — amizades antigas, nutridas desde a infância e a adolescência.

Pergunta

O que falta completar? Há fios soltos?

Sugestão

Perceba a unidade da multiplicidade. Veja o fio que a tudo conecta.

Magia

O uso deste arcano em magia é recomendado quando se deseja lograr feitos ambiciosos e definitivos.

Missão

Conquistar seu universo.

PARTE IV

Os Arcanos Menores

Os Arcanos Menores cumprem a função de refletir o cotidiano, os detalhes objetivos e microcósmicos, em contraponto aos Arcanos Maiores, que representam verdades essenciais e arquétipos universais.

Eles estão divididos entre **Figuras da Corte** e **Séries de Dez**.

As Figuras da Corte são a ponte entre os Arcanos Maiores e as Séries de Dez. São personagens baseados em uma realeza com hierarquia diferente da apresentada nos baralhos do Antigo Éon. No Tarô de Thoth tem Rainha, por exemplo, mas não tem Rei nem Valete.

As Figuras da Corte são: o Cavaleiro, a Rainha, o Príncipe e a Princesa. Como são personagens, indicam aspectos específicos de pessoas, e não de eventos, como é o caso das Séries de Dez.

Os Naipes e os Elementos

Cada Figura da Corte está relacionada a um elemento. O mesmo ocorre com os quatro naipes:

- Fogo é o elemento de Paus;
- Água é o elemento de Copas;
- Ar é o elemento de Espadas; e
- Terra é o elemento de Ouros.

Esse cruzamento de informações mostra que a maioria das Figuras da Corte é fruto de uma combinação de dois elementos, a não ser por quatro delas, que trazem duplicado em si um mesmo elemento.

Cada naipe reflete um princípio da Natureza.

Paus — Elemento Fogo — Princípio Espiritual

O Espírito é a primeira manifestação da formação, o sopro divino, o estágio inicial pelo qual passam todas as coisas que existem, que venham a existir ou que tenham existido. É um elemento purificador, regenerador.

O Espírito representa o conhecimento intuitivo e as ligações inconscientes com seres não encarnados, como humanos ou animais[47]. São processos mágicos de contato direto com tais consciências, também chamadas de entidades, deidades, deuses, semideuses etc.

Corresponde ao nível mais elevado de conhecimento. A Alma e a Verdadeira Vontade são um Fogo que queima permanentemente. Quando uma carta de Paus entra na leitura, a questão se refere a algo no plano mais profundo de sua alma.

O naipe de Paus é o reino da espiritualidade e da energia primordial. Força, vontade, intuição, criatividade, evolução e originalidade são atributos relacionados. Não combina com o naipe de Copas, já que Fogo e Água se enfraquecem mutuamente, mas funciona bem com o naipe de Espadas, que é ativo como o elemento Ar. Pode funcionar bem com o de Ouros.

Copas — Elemento Água — Princípio Emocional

A água se adapta a qualquer recipiente, passa por qualquer fresta sem dificuldade. É o elemento das lágrimas, o mais óbvio sinal de emoção, seja ela amor, ódio, hilaridade, medo ou dor. A chama da Alma mergulhou na placenta materna, primeiro referencial afetivo da existência humana. Símbolo de fluxo e de maleabilidade, às vezes é confundido com submissão. Quando uma carta de Copas entra na leitura, tudo que tenha relação com vida amorosa ou afetiva, ou seja, todas as relações de namoro, casamento, amizade e família, transita pela trama líquida deste naipe.

---

47. É preciso sempre ter em mente que apenas a espécie humana comporta o que a doutrina thelêmica define como "estrelas".

O naipe de Copas é o reino da emoção, do amor e da pulsão artística. Sensibilidade, receptividade, percepção, passividade e liquidez são atributos relacionados. Não combina com o naipe de Paus, como vimos, mas se relaciona bem com o naipe de Ouros. Às vezes pode até se dar bem com o de Espadas.

Espadas — Elemento Ar — Princípio Intelectual

O vento carrega as sementes para a terra, que as fertiliza e materializa. O vento é a existência individual que ainda não se formatou por completo. Se Paus representa os impulsos inconscientes, se Copas é o sentimento que se coloca na fronteira entre o racional e o irracional, Espadas é o raciocínio consciente e intencional. O vento carrega as ideias e as palavras — ele areja ou turbilhona nossa mente e nossos pensamentos. O Ar, que é pensamento, é a grande solução e o grande problema do ser humano.

O naipe de Espadas é o domínio do raciocínio, da lógica e do rigor. Cultura, ciência, filosofia, intelectualidade e secura são características e temas relacionados. Não se dá bem com o naipe de Ouros, mas sim com os de Paus e Copas.

Ouros — Elemento Terra — Princípio Material

É o estágio final de manifestação e consecução. O Fogo (masculino) juntou-se à Água (feminina), e tiveram um filho, o Ar[48], e uma filha, a Terra, onde as coisas se definem e se concretizam. As ideias formuladas pelo Ar se realizam através da Terra. Portanto, toda vez que o naipe de Ouros aparece em uma leitura, a situação envolve dinheiro, posses, saúde física, imóveis, trabalho e coisas do tipo.

O naipe de Ouros é o domínio da matéria, da estabilidade e do limite. Finanças, saúde, profissão, necessidades e estrutura são características conexas. Não se dá bem com o naipe de Espadas, mas se harmoniza com os de Paus e Copas.

---

48. O Fogo ferve a Água, transformando-a em gás (Ar).

FIGURAS DA CORTE

❀ Cavaleiros (Elemento Fogo) ❀

Os cavaleiros representam, no esquema Yod-He-Vau-He (o quádruplo Nome Divino), a letra Yod, a base espiritual, o ativo dinâmico estimulador, o efêmero impositivo. Os cavaleiros são rápidos e fugazes, suas ações se dão em um rompante único. Não simbolizam estabilidade, mas sim rompimento, por isso sempre estão montando um cavalo, de passagem, indo ou voltando.

A função do cavaleiro é associada às seguintes deidades:

- Thoth, Nuit, Amoun, Ísis (Egito);
- Atena, Urano, Hermes (Grécia);
- Odin (Escandinávia);
- Shiva, Vishnu, Akasa, Lingam (Índia);
- Janus (Roma);
- Deus Pai (Igreja Católica).

O poder mágico dos Cavaleiros é a Visão de Deus Face a Face, e a arma mágica é o lingam (falo), o Manto Interno da Glória. A droga relacionada a esses arcanos é o haxixe, a pedra preciosa é o rubi-estrela, e seu perfume é almíscar.

Sua qualidade moral é devoção. Para o judaísmo, é o arquétipo do Mosheh, e na Árvore da Vida a correspondência é com Chokmah, a primeira definição.

Cavaleiro de Paus (O Fogo do Fogo)

Quando se ativa a parte mais abrasada do Fogo, o resultado vem na forma das faíscas mais lancinantes que a Natureza pode criar. Ele monta um corcel negro, carrega uma tocha flamejante na mão esquerda, enquanto com a direita comanda o cabresto com que guia seu cavalo.

Sua enorme capa também é de fogo, e o fundo da carta é amarelo-ouro — explosivo, irredutível, inconstante. A perseverança não é uma de suas qualidades, mas entusiasmo e ímpeto não faltam. Retrata o ardor eterno.

Astrologia

20° de Escorpião a 20° de Sagitário

Luz

Força de vontade, coragem, inspiração.

Sombra

Autoritarismo, intolerância, crueldade.

Vida Profissional

Atividades que exigem coragem e autoconfiança.

Vida Afetiva

Pessoa de personalidade intensa e generosa. Oportunidade de defender uma pessoa amada.

Vida Espiritual e Intelectual

Ousadia para desbravar. Pode (se) machucar, mas avança.

Amizades

Companheiros de armas, confiança forjada a ferro e fogo.

Pergunta

Você está lutando para realizar sua vontade?

Sugestão

Encare desafios. Desbrave territórios. Faça valer sua vontade sem tirania.

Magia

O uso desta figura em magia é recomendado para quem precisa de um guarda-costas ou para assuntos de guerra.

Missão

Iluminar o espírito com conhecimento.

Cavaleiro de Copas (O Fogo da Água)

Este é o aspecto aquoso do Fogo, logo é o mais romântico, emotivo e envolvente dos cavaleiros. Ainda assim, é paixão e não amor o que o move, já que, como todos os cavaleiros, é instável. A ilustração é em tons de azul.

O cavaleiro não tem capa, mas tem grandes asas branco-azuladas. Seu cavalo também é branco, sua armadura é esverdeada e ele carrega na mão direita uma taça vermelha (cor da sensualidade e do sangue). Abaixo está um pavão (símbolo de beleza e sedução) cujas asas se transformam em ondas marinhas e nas asas do cavaleiro. Ele é um sedutor que joga sua malha em toda parte, um passional por natureza, vocação e convicção. É a manifestação agressiva e impositiva dos sentimentos, o amor em ebulição.

Astrologia

21° de Aquário a 20° de Peixes

Luz

Pessoa sensível, cheia de compaixão e gosto pelas artes.

Sombra

Pessoa ciumenta, instável, infiel.

Vida Profissional

Atividades ligadas à arte e carreiras que exijam investimento emocional.

Vida Afetiva

Autossacrifício em prol de pessoa amada. Crise de confiança. Necessidade exagerada de atenção.

Vida Espiritual e Intelectual

Análises científicas e psicológicas sobre as emoções humanas. Sentimentalismo nunca levou ninguém a evoluir espiritualmente.

Amizades

Alguma pessoa amiga está se sentindo confusa e insegura. É uma pessoa muito sensível e amável, mas pouco profunda.

Pergunta

O que está por trás de sua sensibilidade a certos temas?

Sugestão

Exerça o controle de sua sensibilidade como um treinamento.

Magia

O uso desta figura em magia é recomendado quando se deseja mergulhar profundamente no próprio interior.

Missão

Dialogar com o próprio inconsciente e com o inconsciente coletivo.

Cavaleiro de Espadas (O Fogo do Ar)

O Ar alimenta a existência do Fogo, assim como o pensamento é o reflexo do espírito. Este cavaleiro guerreia no campo das ideias e das palavras e, embora seja um intelectual, é selvagem em sua defesa de princípios, usando o intelecto a favor dos impulsos. De seu elmo saem hélices como as de helicóptero, e seu cavalo voa mesmo não sendo alado. Ele carrega espadas de diferentes tamanhos em ambas as mãos, e sua postura é de ataque. É extremamente exaltado e difícil de conter. Três andorinhas indicam a presença de alma, sentimento e pensamento (e a ausência de corpo). Retrata pessoa que usa a mente e o verbo como se fossem armas de fogo. Não costuma ser frio, embora seja verbalmente violento. É a inspiração racionalizada.

Astrologia

21° de Touro a 20° de Gêmeos

Luz

Astúcia, pensamento rápido, foco, concentração, mentalidade flexível, ciência.

Sombra

Frieza, calculismo, cinismo, rudeza, arrogância, inquietude, ambiguidade.

Vida Profissional

Atividades que exijam sangue frio e que deem o poder de tomar decisões lógicas e rápidas. Atividades intelectuais.

Vida Afetiva

Não há muita demonstração de afeto, tampouco confiança mútua. Pode haver admiração intelectual.

Vida Espiritual e Intelectual

Ênfase na necessidade de estudo rigoroso e práticas metódicas. É preciso atacar de modo direto os maus hábitos e pensamentos obsessivos.

Amizades

Vínculos que se criam entre pessoas que se sentem confortáveis com um certo nível de agressividade mútua consentida.

Pergunta

O que ou quem você precisa atacar?

Sugestão

Invista em aprendizado. Evite agir por impulso.

Magia

O uso desta figura em magia é recomendado para favorecer estudos, testes e provas e para aprimorar a inteligência.

Missão

Hora de fazer planos, contas, e estabelecer metas.

Cavaleiro de Ouros (O Fogo da Terra)

De todos os cavaleiros, este é o único cujo cavalo está parado, olhando com apetite para o capim abundante ao redor. Sua falta de movimento não implica inatividade, e esta tampouco implica meditação: ele está de prontidão. O Cavaleiro de Ouros representa o calor e o movimento da Terra. Ele veste uma armadura negra e um elmo cujo topo reproduz a cabeça de um gamo, animal sagrado à Grande Deusa Pagã, especialmente em seu aspecto Diana, a caçadora solitária.

Na mão direita, ele carrega um debulhador de trigo, evidenciando seu sentido de provedor, produtor de alimento. Seu escudo é em forma de disco, como uma grande moeda, sendo discos e moedas dois nomes alternativos do naipe de Ouros.

Pode ser um tanto estúpido, embora muito eficiente. Por certo, não é um intelectual, mas é forte e objetivo. Em sua própria lógica imediatista, consegue ser brilhante ao lidar com questões de sobrevivência e de manutenção. É o espírito da Terra.

Luz

Confiança, habilidade, resistência, durabilidade, constância, nutrição. Caráter prático que lida bem com questões materiais.

Sombra

Teimosia, rudeza, pretensão, estagnação, inveja por complexo de inferioridade. Caráter conservador e dogmático.

Astrologia

21° de Leão a 20° de Virgem

Vida Profissional

Atividades que exijam paciência, controle, rigidez. Pragmatismo que coopera com o fluxo. Criatividade não é seu forte, mas sim tarefas que possam ser aprendidas de forma sistemática.

Vida Afetiva

O pilar ou um dos pilares da família, ainda que discretamente. Avesso a mudanças e surpresas.

Vida Espiritual e Intelectual

Disciplina sempre ajuda a crescer, enquanto dogmatismo sempre enfraquece o espírito.

Amizades

Amizades relacionadas ao trabalho ou que se desenvolvem em ambientes como clubes, grupos de estudo ou de esportes.

Pergunta

Do que você foge?

Sugestão

Manter uma rotina vai lhe ajudar a manter o foco no que deve.

Magia

O uso desta figura em magia é recomendado quando se deseja enfatizar um processo de enraizamento.

Missão

Manter a objetividade sem perder as nuances.

Rainhas (Elemento Água)

As Rainhas são as facilitadoras do impulso transformador dos Cavaleiros, o primeiro He de Yod-He-Vau-He, a primeira manifestação feminina, que é aquela que capacita o masculino a ser ele mesmo. A água desliza entre as mínimas frestas, alcançando delicadamente espaços aos quais o fogo não chega com sua urgência e brutalidade inatas.

As Rainhas são representantes da força passiva e do sentimento acima da razão. São plácidas, todas sentadas em seus tronos, apenas supervisionando as ações dos Cavaleiros. Na Árvore da Vida, ocupam o lugar de Binah, aquela que existe a partir de outras duas, uma invisível (Kether) e outra visível (Chokmah).

As deidades relacionadas às Rainhas são:

- Maut, Ísis, Nephthys (Egito);
- Cibele, Demeter, Rea, Hera (Grécia);
- Frigga (Escandinávia);
- Bhavani, Prana (Índia);
- Virgem Maria (Cristianismo);
- Enoch (Judaísmo);
- Juno, Saturno, Hécate (Roma).

O poder mágico da Rainha é a Visão da Dor. Sua arma mágica é a *yoni*, o Manto Externo do Ocultamento. Suas pedras preciosas são a safira-estrela e a pérola. Seu perfume é a mirra; sua droga, beladona. A qualidade moral da Rainha é o silêncio.

Rainha de Paus (A Água do Fogo)

A lava é o líquido do fogo: quente, penetrante, lenta e devastadora. A Rainha de Paus é a própria imagem do poder tranquilo, um poder que não se pode roubar, pois não emana do mundo tangível. Nobreza é traço de personalidade, não circunstância política ou fruto do acaso.

A Rainha de Paus é passional, mas submete sua paixão a seu conhecimento. Sua explosão, embora infrequente, é feito uma hecatombe. De sua coroa saem 12 raios. Seu bastão termina em formato de fruta-do-conde, sugerindo mistérios de Baco. Com a mão direita ela alisa a cabeça de um leopardo, animal que representa força, vivacidade e lucidez. Sua armadura aponta para guerra, mas seu poder está muito além da força física. A Rainha de Paus é a Grande Mãe espiritual. É o amor espiritualizado.

Ela não nada teme, o que pode indicar tanto bravura e experiência quanto arrogância e moralismo. Essa rainha não perdoa nem esquece.

Luz

Expansão, adaptabilidade, independência. Caráter generoso e agradável, mas impaciente com oponentes.

Sombra

Fanatismo, cobiça, moralismo. Engana-se e vinga-se com facilidade.

Astrologia

21° de Peixes a 20° de Áries

Vida Profissional

Funções em que sejam necessárias independência e responsabilidade. Cargos de liderança e comando. Atividades relacionadas a empoderamento pessoal.

Vida Afetiva

A Rainha de Paus é o centro de seu universo e se comporta de modo generoso quando sua liderança é discretamente reconhecida. Pode ser dominadora e reativa.

Vida Espiritual e Intelectual

Momento de grande poder espiritual, autoconfiança excessiva que pode abrir brechas para ataques e oportunismo por parte de outrem.

Amizades

Parcerias sujeitas a altos e baixos, mas bem estruturadas. Costumam ser longevas. A franqueza total pode doer, mas amizades verdadeiras devem exercer um amor duro quando preciso.

Pergunta

Do que você se orgulha?

Sugestão

Perdoar e esquecer é a única opção quando se decide que vingança não é boa ideia.

Magia

O uso desta figura em magia é recomendado quando se deseja criar coragem para ganhar poder.

Missão

Canalizar e controlar os próprios impulsos.

Rainha de Copas (A Água da Água)

Esta é a mais sentimental dentre as sentimentais, aquela que se derrete em lágrimas de alegria ou tristeza. Bem como o Arcano III, A Imperatriz, a Rainha de Copas é um símbolo de maternidade. Aos seus pés, se equilibrando em uma só perna, vemos o grou, uma ave que, para os japoneses, significa longevidade e, para os egípcios, regeneração, mas, para os indianos, é uma ave traidora, emblema de engano e fraude.

A Rainha de Copas está escondida atrás do próprio reflexo das águas calmas do lago em que repousa seu trono. Ela deixa que o observador se veja nela mesma, porém nunca se mostra diretamente. Com o braço esquerdo ela acalanta um búzio como a um bebê. O búzio é símbolo da Água, e de dentro dele sai um caranguejo, considerado por determinadas tradições aquele que regula os movimentos marítimos com o ondular de suas presas. Outro símbolo importante é o lótus, que representa a vida primordial, a vagina, a criação.

Esta figura representa o extremo das qualidades aquosas, o despertar da sensibilidade e da percepção, o interesse por aquilo que está oculto ou criptografado. Contudo, o fator oculto pode ser maior do que o observador espera. Esta rainha transmite afeto e proteção, mas não é do tipo com que se pode contar em uma emergência. O amor ao amor não implica a prática do amor.

Esta é uma figura altamente influenciável. Suas características positivas e negativas se acentuam a depender de outros arcanos incluídos na tiragem.

Luz

Imaginação, sensibilidade, beleza. Percepção poética e boa índole.

Sombra

Delírio, ilusão, dissolução. Descompromisso, indiferença, fingimento.

Astrologia

21° de Gêmeos a 20° de Câncer

Vida Profissional

Atividades cujo foco esteja na estética, no onírico, no delicado, no poético. A Rainha de Copas é a antítese do chefe. Sua sensibilidade pode ser útil até certo ponto — ela não lida com feiuras e desgraças.

Vida Afetiva

É a misteriosa da família, tão delicada quanto influenciável. O duplo elemento Água indica uma pessoa carente, dependente e desconectada da realidade, o que pode gerar diferentes resultados conforme as influências de pessoas próximas.

Vida Espiritual e Intelectual

Intuição nebulosa. Superstição, crendice. Pessoa que absorve formas-pensamento, entidades e demais formas de energia abstrata do ambiente da mesma forma como a água absorve aromas próximos.

Amizades

Não há confiança nem constância no relacionamento, que tende a ser desvantajoso para quem não for a Rainha de Copas. Se ela for você, melhore.

Pergunta

Quantos amores reais e recíprocos você tem na vida?

Sugestão

Separe bem as ideias que são suas das ideias que os outros tentam lhe incutir.

Magia

O uso desta figura em magia é recomendado quando se deseja diluir algo.

Missão

Desvendar mistérios.

Rainha de Espadas (A Água do Ar)

O líquido do Ar é a umidade, daí as nuvens que enfeitam esta figura, que pode parecer aterrorizante para quem não conhece essa rainha. Mas, como todos os símbolos do tarô, sempre há muito mais de uma leitura possível, ainda que se mantenha a interpretação do símbolo.

A Rainha de Espadas é uma mulher elegantemente vestida com uma longa saia azul e uma blusa de teia transparente que deixa seus seios à mostra. Ela está sentada em seu trono de nuvens e cristais. Com a mão direita ela segura uma espada, com a qual acaba de cortar a cabeça de um velho. Com a esquerda, ela segura a cabeça exangue dele. O velho representa a sociedade machista e patriarcal da Era de Peixes, do Velho Éon, que é destruída para dar lugar à criança da Nova Era — Hórus Criança, que nasce no alto do trono, trazendo consigo os novos tempos, a renovação, o arejamento úmido.

Esta figura representa o rompimento com tudo que é ultrapassado — um corte violento, mas necessário e bem-vindo. A renovação é inevitável e inadiável. A Rainha de Espadas dedica seu sentimento à criança, não ao velho. Ela simboliza o princípio da inteligência e do raciocínio. É o emocionalismo processado pelo filtro da razão.

Luz

Libertação, autoconfiança, autonomia, renovação. Personalidade perseverante, detalhista. A libertadora da mente.

Sombra

Crueldade, falsidade, frieza. Personalidade ardilosa e sonsa.

Astrologia

21° de Virgem a 20° de Libra

Vida Profissional

Atividades que exigem precisão, observação, detalhismo. A Rainha de Espadas é astuta e implacável. Sua insensibilidade natural a capacita para funções que exigem decisões duras.

Vida Afetiva

Na família, essa rainha costuma ser considerada pouco dotada de empatia e sua autoconfiança pode ser interpretada como arrogância. Chantagem emocional jamais funciona com ela.

Vida Espiritual e Intelectual

A racionalidade, ou o que se entende por racionalidade, predomina. Esta rainha representa o controle da mente e tende a carecer de experiência prática, terrena, bem como do fogo do espírito.

Amizades

É difícil alcançar o coração da Rainha de Espadas, porque ela analisa e corta rapidamente os sentimentos, gerando uma atmosfera infértil para amizades em geral.

Pergunta

O que você precisa cortar na sua vida?

Sugestão

Corte de sua vida tudo e todos que lhe sejam supérfluos ou prejudiciais.

Magia

O uso desta figura em magia é recomendado quando se deseja congelar algo.

Missão

Conquistar a liberdade que merece. Ninguém vai lhe dar de presente.

Rainha de Ouros (A Água da Terra)

A poderosa Rainha de Ouros representa a Natureza enquanto provedora. Ela descansa em seu trono, plácida mas atenta, entre o rastro de abundante vegetação gerada por ela mesma ao lançar sua fertilidade por onde passa. Olhando para trás, esta rainha percebe seu legado: sobre a terra árida ela lançou um riacho em torno do qual surgem as primeiras plantas.

Seus grandes chifres espiralados indicam geração e reprodução. O globo que ela segura no braço esquerdo representa a totalidade dos mundos, com todas as suas esferas intercaladas. Com o outro braço, ela segura um báculo cuja ponta termina em um cubo que contém um hexagrama dentro de um hexágono, símbolo da firmeza de sua posição, que se ressalta com a presença do bode ao seu lado, o mesmo que aparece no Arcano XV.

A Rainha de Ouros retrata poder de conseguimento e poder material, e o que lhe falta em intelectualidade lhe sobra em instinto, experiência, empatia e pragmatismo, uma combinação poderosa que está no cerne de seu poder. Ela é tímida e sincera, e suas ações não brotam de estratégia ou raciocínio, mas de seu instinto. É o amor à terra e à família como prioridade. Essa rainha é como um lago de aparência tranquila que abriga no fundo redemoinhos imperceptíveis na superfície.

Luz

Fertilidade, família, gentileza, força combinada com sensibilidade. Sensualidade, fertilidade.

Sombra

Dependência, depressão, indecisão. Personalidade temperamental, avessa ao senso comum e ao razoável. Pode exagerar nas drogas por escapismo.

Astrologia

21° de Sagitário a 20° de Capricórnio

Vida Profissional

Atividades em grupo. Rotina sólida, detalhismo. Funções de natureza orgânica e improvisável. Profissões relacionadas a cuidados, tratamentos e supervisão.

Vida Afetiva

Temperamento matriarcal no bom e no mau sentido. Figura central da família. Costuma ser generosa e gentil, mas quem tem intimidade conhece o outro lado dessa rainha rabugenta e instável.

Vida Espiritual e Intelectual

Interesses múltiplos simultâneos, todos gerando estruturas sólidas e convergindo em um mesmo ponto essencial.

Amizades

Relacionamentos em que uma das duas partes assume uma postura maternal em seus pontos de vista e atitudes.

Pergunta

O que faz você se sentir em segurança?

Sugestão

Evite ser escapista. Encare os fatos.

Magia

O uso desta figura em magia é recomendado quando se deseja estruturar algo.

Missão

Gerar, facilitar e/ou apoiar vidas.

Príncipes (Elemento Ar)

Os Príncipes equivalem à letra Vau no sistema quaternário de Yod-He-Vau-He, sendo, portanto, o fruto do pai e da mãe, o filho do Cavaleiro e da Rainha. Os Príncipes guiam uma carroça puxada por diferentes animais e representam a nobreza por condição inerente — eles a herdaram e a têm no sangue. Daquilo que o Cavaleiro luta para conseguir e a Rainha se esforça por manter cabe aos Príncipes desfrutar. Observe também que são eles os intelectuais da família, aqueles que podem ser frios e manipuladores como filhos únicos mimados, já que o Ar é o elemento do pensamento cartesiano e da frieza racional.

De uma forma ou de outra, o aspecto bem-amado dos Príncipes se confirma por sua associação, na Árvore da Vida, com Tiphareth, a Beleza, que, como se sabe, é o centro, que pode conter a visão de um deus sacrificado ou de uma criança[49]. Na mitologia egípcia, os Príncipes são relacionados com Ra e Asar. Outras deidades correlatas são Buda (Budismo); o Filho (Cristianismo); Iacchus, Apolo e Adônis (Grécia); e Vishnu, Krishna, Rama (Hinduísmo). Suas pedras preciosas são topázio e diamante amarelo; estramônio, álcool e café são as drogas associadas; o aroma, olíbano. O poder mágico do príncipe é a Visão da Harmonia das Coisas, e a arma mágica é o *lamen* ou a rosa-cruz. A qualidade moral é a devoção à Grande Obra.

Os Príncipes são condutores e propagadores da síntese que formam de seu pai e sua mãe, dando ideia mais de continuidade do que de estabelecimento. Representam a humanidade agora, pois somos todos príncipes do planeta, filhos da Deusa/Rainha com o Deus/Cavaleiro, filhos do Primeiro e do Segundo Éons que inauguram o Terceiro, o de Hórus.

---

49. A primeira foi bem vivificada durante o Velho Éon; a segunda nós já estamos vivendo desde o início do século, quando a chamada Modernidade inaugurou uma série de mudanças mais e mais velozes, tornando o século que agora terminamos e o próximo que se inicia únicos na história.

Príncipe de Paus (O Ar do Fogo)

Corresponde à expansão das ideias mais inspiradas. O Príncipe de Paus é um jovem de grande conhecimento que mantém contato direto com as Musas. Toda comunicação se dá sob a égide deste príncipe, que comanda as ações do sopro divino. Ele está nu e usa um capacete de onde emanam 11 raios, sendo um destes (o raio central) maior e distinto, indicando a origem de sua inspiração e sua conexão com as forças da Natureza. Em seu peito, o emblema de uma das *personas* iniciáticas de Crowley: To Mega Terion. Sua carruagem ígnea é puxada por um leão de juba também incandescente.

O Príncipe conduz a carruagem com a mão esquerda, e com a direita segura uma vara com a cabeça de Phoenix, o que ressalta sua capacidade regeneradora. Sendo o vento do Fogo, seus objetivos e interesses estão no mundo das ideias. É determinado, mas ocasionalmente indeciso, logo influenciável. É o pensamento inspirado, o gosto pela contradição.

Luz

Entusiasmo, criatividade, agilidade. Jogo de cintura, senso de humor aguçado, raciocínio rápido, produtividade, trabalho.

Sombra

Desassossego, impaciência, violência. Preguiça, crueldade, insensibilidade.

Astrologia

21° de Câncer a 20° de Leão

Vida Profissional

Atividades de chefia e supervisão, às vezes cruel em suas exigências. Trabalha bem com ideias, comunicação, publicidade, estratégia. Projetos intelectuais e competitivos são sua paixão. Combina com ambientes profissionais dinâmicos. Paciência não tem nenhuma. Precisa de motivação para trabalhar.

Vida Afetiva

Figura polarizadora na família, personalidade dominadora no amor. Não guarda mágoa e espera que esqueçam suas explosões de temperamento. Relacionamentos duradouros. Uma pessoa amorosa, generosa, franca, intempestiva.

Vida Espiritual e Intelectual

Preste atenção àquilo que traz inspiração. Anote seus sonhos. Não se deixe levar pela vaidade acadêmica ou intelectual.

Amizades

Pessoa com acentuado senso de ética que serve de modelo e exemplo.

Pergunta

Qual a diferença entre espontaneidade e impulsividade?

Sugestão

Tenha paciência. Caso ache que já está sendo paciente, repense.

Magia

O uso desta figura em magia é recomendado quando se deseja ajudar alguém, exercer sua generosidade.

Missão

Dar vazão à própria energia.

Príncipe de Copas (O Ar da Água)

Este príncipe intelectualiza o amor e os sentimentos. Existe o clichê de que isto seria uma coisa indesejável, mas, em geral, quem sofre de amor almeja tomar as rédeas da situação. O sofrimento por amor romântico é um sofrimento de domínio. Isto é o que caracteriza o Príncipe de Copas: ele guia sua carruagem de águia sobre a água, mas sem tocá-la; a águia respira perto da água, mas não a traspassa, por mais que a faça tremular e ondular com seu bafo. Da mesma forma, o Príncipe seduz e se entrega, mas mantém o controle de seus sentimentos e dos do parceiro.

A águia aparece também em seu capacete, mostrando que o simbolismo do animal o envolve por cima e por baixo. A grande arma do príncipe é, naturalmente, fálica, representada pela serpente que se movimenta de dentro da taça que ele carrega com a mão esquerda, a qual ele observa com atenção. Este é seu lado masculino, o lado no qual se concentra, enquanto na outra mão ele segura o lótus, que simboliza seu interesse no outro lado do universo, o chamado universo feminino. Este príncipe indica a iluminamento das relações entre consciente e inconsciente. É a racionalização do sentimento.

Luz

Inteligência emocional, simpatia, sociabilidade, popularidade. Inventividade, engenhosidade, originalidade.

Sombra

Desonestidade, amoralidade, egocentrismo. Violência sutil, personalidade sinistra, ambição desmedida.

Astrologia

21° de Libra a 20° de Escorpião

Vida Profissional

Psicologia, psiquiatria, psicanálise, terapias que envolvam o controle da mente sobre as emoções. Por saber manejar e controlar bem as emoções, pode ser artista, especialmente das artes cênicas.

Vida Afetiva

Sempre o polo mais conciliador da dupla ou o mais diplomático da família, sem perder a empatia e o charme. Implacável com quem tenta tirar sua paz.

Vida Espiritual e Intelectual

Controle da respiração é uma forma de alcançar o controle da mente. Estabilidade emocional é fundamental para o sucesso de qualquer estudo mais profundo.

Amizades

Aquela pessoa que é "a voz da razão", sempre pronta para alertar com franqueza quando vê os amigos agindo de modo pouco inteligente. Referência de bom senso.

Pergunta

Que parte de sua personalidade você esconde de si mesmo(a) e por quê?

Sugestão

Não justifique seus desejos, mas saiba o que espera deles.

Magia

O uso desta figura em magia é recomendado quando se deseja controlar as próprias emoções.

Missão

Aceitar seus desejos e aflições.

Príncipe de Espadas (O Ar do Ar)

Aqui temos a concentração do Ar, reunindo as qualidades intelectuais deste elemento naturalmente frio e cortante. A carruagem deste príncipe é puxada por crianças aladas. Como era de se esperar, crianças não sabem conduzir nem ser conduzidas: cada uma vai para um lado seguindo seus impulsos infantis, de modo que a carruagem se move sem destino certo. A mente humana é assim, guiada por pensamentos espontâneos e descoordenados que impedem um avanço consistente. O desafio evolutivo do ser humano é tomar o controle de seus pensamentos.

Expansivo como os outros Príncipes, a função deste é propagar ideias, sem espaço para serem piegas ou evasivas, pois ele abre seu caminho a golpes de espada, cortando tudo que lhe parece supérfluo ou desnecessário. Sua racionalidade exacerbada acaba conduzindo-o à irracionalidade. Ele argumenta por argumentar, como um sofista. Mas sua inteligência é mesmo assim preciosa e pode ser canalizada de outras formas, especialmente através da dedicação profunda aos estudos, à filosofia e a assuntos especializados. É a inteligência do pensamento.

Luz

Inspiração, eloquência, articulação. Oratória inspiradora, fidelidade aos amigos. Flexibilidade, cautela, observação.

Sombra

Grosseria, pungência, falsidade. Retórica vazia, perseguição aos inimigos. Desprezo a regras. Traição.

Astrologia

21° de Capricórnio a 20° de Aquário

Vida Profissional

Analista, jornalista, cientista. Tecnologia da informação, logística, estatística. Aeronáutica, física, matemática.

Vida Afetiva

Personalidade cativante por sua comunicabilidade e seu carisma, mas pouco afetuosa, principalmente em termos físicos. Pode ser refratário ao toque e implacável em suas críticas. Sapiossexual por natureza, essa pessoa usa o intelecto para seduzir.

Vida Espiritual e Intelectual

Personalidade avessa a tudo que pareça ilógico, então sua relação com a espiritualidade ou mesmo com a religião estará baseada em algum tipo de explicação racional. A espiritualidade pode ser aceita e praticada como uma abstração da mente.

Amizades

Não se dá bem com pessoas limitadas. Raciocínio rápido é uma característica inegociável para se ter bom relacionamento com esse príncipe rápido no gatilho. Pode ser elitista e capacitista.

Pergunta

Você sabe o que está dizendo ou está apenas repetindo o que outros dizem?

Sugestão

Aprenda a distrair sua mente em vez de deixar que ela lhe distraia.

Magia

O uso desta figura em magia é recomendado para fortalecer o intelecto.

Missão

Não ter receio de mudar de opinião por motivos racionais e demonstráveis.

Príncipe de Ouros (O Ar da Terra)

Este príncipe é um aumentador e um solidificador. É capaz de associar produtividade e objetividade com sofisticação de pensamento. É o arquétipo do fazendeiro, da pessoa que, com método e dedicação, extrai da terra seu sustento. A mente deste príncipe se ocupa apenas de assuntos materiais, e, não havendo Fogo ou Água, não lida bem com os sentimentos, nem com os próprios nem com os dos outros. Apenas as coisas objetivas e palpáveis lhe interessam.

Seguindo o exemplo da Rainha de Ouros, o Príncipe (seu filho) também carrega um globo com o braço esquerdo. Esse globo difere do de sua mãe na estrutura, pois o da Rainha representa totalidade através dos vários círculos entremeados que contém, ao passo que o do filho mostra os meridianos, a linha do Equador e um paralelepípedo no centro, explicitando que sua visão é material. Seu capacete reproduz um touro, o mesmo animal que ara a terra em sua carroça. É a inteligência da matéria.

Luz

Praticidade, confiabilidade, resistência. Competência, atenção e confiança. Resistência, disposição, estabilidade.

Sombra

Corrupção, apatia, tédio. Desinteresse, malícia, indiferença. Calculista, manipulador, invasivo.

Astrologia

21° de Áries a 20° de Touro

Vida Profissional

É capaz de defender uma causa até o fim, o que pode se traduzir em atividades na política, na justiça ou no ativismo. Mesmo que a pessoa não trabalhe em nenhum desses campos, seja qual for sua área de atuação, sua postura irredutível pode ser entendida tanto como força de caráter quanto como obtusidade.

Vida Afetiva

Sua dificuldade de expressar sentimentos atrapalha suas relações amorosas e familiares. Não é frio, mas só se empolga com as coisas que já conhece e já gosta. A vida profissional pode englobar ou mesmo sufocar a vida sentimental.

Vida Espiritual e Intelectual

O Ar da Terra é uma configuração que oferece amplas possibilidades intelectuais exatas, porém não favorece práticas espirituais, atributos mais próximos do Fogo e da Água, ou seja, alma e emoção. Este príncipe se concentra em materializar ideias. É prolixo e produtivo.

Amizades

Suas maiores amizades brotam no ambiente profissional — ou talvez isso seja outra forma de dizer que este príncipe não tem amigos, mas sim colegas próximos. As necessidades dessa pessoa são sobretudo materiais, e no trabalho há um motivo não "meramente" emocional para estar ao lado de outra pessoa.

Pergunta

O que você quer construir?

Sugestão

Observe o que mais lhe irrita e dê seu jeito de neutralizar essa irritação. Isso lhe dará mais poder.

Magia

O uso desta figura em magia é recomendado para trabalhos de materialização.

Missão

Construir seu legado.

Princesas (Elemento Terra)

As Princesas representam pessoas primitivas que se limitam a seguir o rebanho da humanidade, sem individualidade ou centelha de inspiração. São estrelas adormecidas. A Terra é o elemento da base e da limitação, o que faz das Princesas, dentre as Figuras da Corte, representantes do conceito de materialização. Sua posição na Árvore da Vida é, e não poderia ser diferente, Malkuth, o Reino, a Terra.

As associações entre mitologias são:

- Osíris, Seb, Ísis, Nephthys (Egito);
- Perséfone (Grécia);
- Lakshmi (Hinduísmo);
- Ceres (Roma);
- Virgem Maria (Cristianismo);
- Davi, Elisha (Judaísmo).

O cristal de rocha é a pedra associada; o milho, o vegetal. O poder mágico das Princesas é a Visão do Sagrado Anjo Guardião Adonai, e as armas mágicas são o círculo e o triângulo mágicos. Sua doença arquetípica é a esterilidade.

As Princesas são o final de um processo e o começo de outro. Não possuem signo zodiacal relacionado, apenas regência planetária, já que retratam pessoas tão primitivas em sua psique que se aproximam da alma grupal. Todos nós conhecemos esse tipo de pessoa que, por mais qualidades que tenha, em nenhuma delas alcança real profundidade. São rasas, embora possam ser cativantes. Várias tradições mágicas alertam quanto ao perigo de se apaixonar por gente assim. Como elas não têm profundidade, jamais seriam capazes de entender questões mágicas — ou mesmo artísticas, espirituais, vitais. A tensão entre uma pessoa que mergulha fundo na vida e outra que fica no raso é inevitável. Um iniciado já teve o ponto de vista do não iniciado, mas este não teve ainda, se é que terá, o ponto de vista daquele.

Princesa de Paus (A Terra do Fogo)

Dançando nua em uma labareda, o corpo da Princesa de Paus é pequeno, delicado e frágil, mas sua postura é a de uma guerreira vencedora e destemida. Ela é brusca, como todas as Princesas, matéria que são. Sua missão é superar o medo primordial que paralisa e impede a ação. Sua nudez implica pureza de intenções e clareza de ações.

O tigre morto que ela carrega é símbolo dos medos e perigos que ela enfrentou. A força da Princesa é representada pelo disco solar na ponta do bastão em sua mão esquerda. Ela usa o cadáver de seu medo como uma estola para exibir poder. Observe que não veste nada para encobrir sua nudez, símbolo de sua natureza sincera, instintiva e primitiva. Sua memória poderosa não lhe deixa esquecer qualquer mal que lhe façam, e a vingança é inevitável quando surge a oportunidade — e paciência para esperar o melhor momento não lhe falta.

Ao fundo, há um altar com cabeças de carneiro. É uma carta de conquista e superação, especialmente no plano psicológico. Imprevisível e inexorável. Personalidade dramática, teatral. É a materialização do espírito.

Luz

Ousadia, coragem, dignidade, autoridade. Entusiasmo, talento, mérito, destaque, superação. Brilhantismo, conquista, força. Confiança no próprio potencial.

Sombra

Cobiça, fofoca, ostentação. Impertinência, atrevimento, superficialidade, futilidade, fanfarronice. Uma pessoa que acredita nas próprias mentiras.

Astrologia

Vênus nos signos de Fogo.

Vida Profissional

Atividades competitivas ou que envolvam concorrência. Posições de chefia. Profissões para quem tem uma "couraça" resistente. Funções que não são para corações fracos.

Vida Afetiva

Pessoa do tipo ame ou odeie. Ou é admirada por sua coragem e bravura, ou é detestada por sua petulância e brutalidade. Sua natureza polêmica a leva a frequentar pequenos grupos, já que nem todo mundo consegue lidar bem com seus altos e baixos.

Vida Espiritual e Intelectual

É preciso tomar cuidado para não ser a pessoa que fala "namastê", mas trata determinadas pessoas, sobretudo serviçais, de modo condescendente, quando não desrespeitoso. E estudo é algo que se pratica com calma, tem que ter paciência. Nenhum estudo real se dá rapidamente. Estudar é um verbo a se praticar com entusiasmo pela eternidade.

Amizades

Explosões de temperamento podem acontecer com qualquer pessoa, quem não tem seus momentos? Mas essa princesa pode perder amizades por seus altos e baixos emocionais. Relação desigual, um lado doa muito mais do que recebe de volta. Pode até ser uma relação abusiva.

Pergunta

O que lhe dá medo?

Sugestão

A única opção é encarar a luta. Recuar seria indigno.

Magia

O uso desta figura em magia serve para rituais ou trabalhos de afirmação ou superação, como uma marcação de terreno.

Missão

Lutar e conquistar.

Princesa de Copas (A Terra da Água)

A Princesa de Copas é uma mulher de expressão dócil que traja um longo vestido branco bordado nas bordas com cristais de neve. A neve representa a solidificação da água. A mesma flor de lótus que surge de ponta-cabeça na mão direita do Príncipe de Copas aqui aparece na mão esquerda da princesa com as pétalas para cima, afirmando sua grande feminilidade — ambos os seus elementos são femininos/passivos. Símbolo de maternidade, é a materialização e expressão clara de belas emoções.

Romântica, ela carrega na mão direita uma tartaruga, animal de elaborado simbolismo que alude a fertilidade, falicismo, misticismo e longevidade. O cisne que surge no alto da cabeça da Princesa de Copas, abrindo as asas em movimento feminino e elevando seu longo pescoço como atributo masculino, é um símbolo andrógino. O peixe representa também fertilidade e alimento, e a Princesa dança no fundo das águas, contente em simplesmente ser e expressar seus sentimentos — é o que lhe basta. É restrita, mas costuma ser encantadora, porque sua essência é doar, se doar, ela depende das pessoas a quem se doa como uma mãe mamífera precisa dar de mamar ou extrair o leite para que este não empedre. É a solidificação do sentimento.

Luz

Intuição, imaginação, sensibilidade. Personalidade agradável, pessoa dócil e amável que trabalha em silêncio, sem alarde. Boa comunicação, temperamento poético e sonhador.

Sombra

Farsa, adulação, indolência. Submissão, desimportância, irrelevância. Pessoa "invisível".

Astrologia

Vênus nos signos de Água.

Vida Profissional

Excelentes colaboradores, assistentes, ajudantes. Funções como porta-voz, cuidador, curador, assessor. Não gosta de protagonizar.

Vida Afetiva

Papel marcante na família como elemento que suaviza o ambiente. É uma pessoa difícil de tirar do sério, e quanto mais pacata sua índole, mais perigosa sua reação quando perde o controle. O amor é romântico e idealizado, típico de contos de fadas.

Vida Espiritual e Intelectual

Misticismo light, do tipo new age, costuma ser o tipo de vivência espiritual dessa pessoa. Por ingenuidade ou imaturidade, não há aprofundamento, e a alma e o cérebro não se satisfazem sem grandes profundidades e alturas.

Amizades

Relacionamento superficial porque ao menos uma das pessoas é inapelavelmente frívola e avessa a elaborações intelectuais ou conversas profundas.

Pergunta

Você tem tanta liberdade quanto gostaria?

Sugestão

Pratique o desapego para contrabalançar de forma racional sua carência.

Magia

O uso desta figura em magia é recomendado para feitiços de amor.

Missão

Suavizar qualquer ambiente por onde passa.

Princesa de Espadas (A Terra do Ar)

A fúria dos deuses concentra-se nesta princesa, que leva à risca o que diz e pensa, materializando tudo o que é abstrato. Ela lidera a rebelião e dedica sua mente à solução de problemas materiais, palpáveis, que são efeito de alguma causa, e sua postura é de enfrentamento e combate. À sua volta, nuvens densas se formam, prenunciando uma atmosfera pesada e viciada que consolida os pensamentos indesejáveis, programações da máquina-cérebro.

A Princesa de Espadas é desconfiada, reativa, nunca relaxa, está sempre projetando imagens mentais tenebrosas, as quais se manifestam como o Ar carregado ao seu redor. Às vezes é necessário reagir ou mesmo atacar, e esta princesa, com suas asas de helicóptero/libélula, é uma soldada aplicada. Como boa soldada, é resistente, tem disposição para o combate e sabe obedecer a ordens. É a densidade do pensamento.

Luz

Seriedade, bravura, curiosidade. Pessoa de caráter firme e aguerrido, aceita e assume responsabilidades. Pragmatismo, sabedoria vinda da vivência.

Sombra

Intromissão, agressividade, perversidade. Pessoa cuja ansiedade, quando fora de controle, leva à perda do foco e, consequentemente, à perda da coerência. Instinto ardiloso.

Astrologia

Vênus nos signos de Ar.

Vida Profissional

Atividades insalubres ou excessivamente complexas. Diferentes ramos da ciência, com ênfase no método científico e no trabalho de campo. Funções que impliquem luta constante. Profissões que requerem força, frieza e destreza.

Vida Afetiva

Essa pessoa é aquela sobre quem recaem as maiores responsabilidades da família e costuma ser o lado forte (mas não o polo estável) em relacionamentos amorosos românticos também. Sua sabedoria lhe confere autoridade.

Vida Espiritual e Intelectual

Qualquer esforço voltado para a intelectualidade ou a espiritualidade precisa incluir um elemento dinâmico e práticas com potencial de descobertas inesperadas. Esta princesa não quer mais do mesmo nem quer ir devagar, o que pode acontecer por frivolidade, mas também pode ser a velocidade natural da pessoa.

Amizades

Não é alguém que vive em grupos, panelinhas, e não costuma manter amizades derramadas em carinho. Sua natureza seca e sólida se traduz em amizades longevas porém formais a partir de certo ponto.

Pergunta

O que você precisa destruir em si mesmo(a)?

Sugestão

Canalize sua aptidão inata para arrasamento de forma lúdica, para sua higiene mental.

Magia

O uso desta figura em magia é especificamente voltado para a destruição de algo ou alguém.

Missão

Estabilizar o que é volátil.

Princesa de Ouros (A Terra da Terra)

Esta princesa marca o fim do primeiro grande ciclo dos quatro elementos. Parece brotar da terra, mas na verdade se encontra no limiar exato entre a superfície e a profundeza. Não há emoção nela, apenas a sensação de seu próprio corpo e da matéria. Ela tem chifres de carneiro e se veste de peles que adentram o mundo subterrâneo assim como uma noiva arrasta seu véu pela igreja até subir ao altar. Seu cabelo vermelho-terra mistura-se às raízes de onde ela surge, para as quais aponta seu bastão com um cristal de rocha na ponta, sendo o cristal o aspecto mais firme da terra.

O disco *yin/yang* que a Princesa de Ouros segura com a mão esquerda representa a rota dos elementos, o primeiro unindo-se ao último, o que demonstra o mesmo princípio simbolizado pela serpente Oroboro. Falta-lhe astúcia, seu pensamento não passa de reflexo instintivo da sensação corporal, mas ela produz e prospera. É a definição da matéria.

Luz

Pessoa generosa, gentil e sensível. Estabilidade, firmeza, amabilidade, lealdade, perseverança. Nascimento, renovação.

Sombra

Suscetibilidade, incoerência, esbanjamento, desperdício. Pessoa influenciável, mas teimosa. Aborto, contenção.

Astrologia

Vênus nos signos de Terra.

Vida Profissional

Paisagismo, decoração, botânica. Atividades que envolvam assistência e colaboração, criação e desenvolvimento, agilidade e placidez, mas também objetividade e certa frieza.

Vida Afetiva

Pessoa que parece mais afetuosa do que de fato é. Personalidade maternal, o que pode assumir diversas variações, desejadas e indesejadas.

Vida Espiritual e Intelectual

As percepções abstratas dessa pessoa são parcas; seu foco é a produção cíclica eterna, a geração, a multiplicação. Aprende na prática, as vezes como autodidata. Resultados concretos são importantes para essa personalidade, tanto nos estudos quanto em qualquer filosofia ou corrente espiritual.

Amizades

Esta princesa representa uma personalidade maternal. Está sempre pronta para acolher seus amigos sem maiores justificativas.

Pergunta

E agora, o que vai ser?

Sugestão

Evite pensar.

Magia

O uso desta figura em magia é indicado para trabalhos de colheita.

Missão

Plantar as sementes que deseja colher.

AS SÉRIES DE DEZ

Esta série de arcanos mantém o formato tradicional dos demais baralhos, mas os desenhos e a simbologia são fundamentados no imaginário thelêmico conforme visualizado por Crowley com base em seu conhecimento de cabala hermética, arranjando os arcanos para que caibam na Árvore da Vida.

Já estudamos, no início do livro, as correlações cabalísticas do baralho. Vejamos agora as associações com a astrologia.

Correlações com Signos Astrológicos

Todas as cartas — exceto os Ases — têm uma correspondência astrológica, dividida assim: cada naipe equivale a um elemento, como sabemos; e cada signo transitará por três cartas. Os signos cardinais relacionam-se com o primeiro trio de cartas do naipe referente ao seu elemento[26] (2, 3, 4); os signos fixos acomodam-se nas três cartas seguintes (5, 6, 7); e as três últimas são representadas pelos signos mutáveis. Os Ases são excluídos por representarem a matéria que ainda vai se manifestar, como embriões.

Fogo

Áries (cardinal) — 2, 3, 4 — Paus

Leão (fixo) — 5, 6, 7 — Paus

Sagitário (mutável) — 8, 9, 10 — Paus

Água

Câncer (cardinal) — 2, 3, 4 — Copas

Escorpião (fixo) — 5, 6, 7 — Copas

Peixes (mutável) — 8, 9, 10 — Copas

Ar

Libra (cardinal) — 2, 3, 4 — Espadas

Aquário (fixo) — 5, 6, 7 — Espadas

Gêmeos (mutável) — 8, 9, 10 — Espadas

Terra

Capricórnio (cardinal) — 2, 3, 4 — Ouros

Touro (fixo) — 5, 6, 7 — Ouros

Virgem (mutável) — 8, 9, 10 — Ouros

❃ 1 – Ases ❃

Os Ases correspondem a **Kether**; representam os primeiros fluidos de uma ideia que se tornará matéria.

Ás de Paus (A Raiz dos Poderes do Fogo)

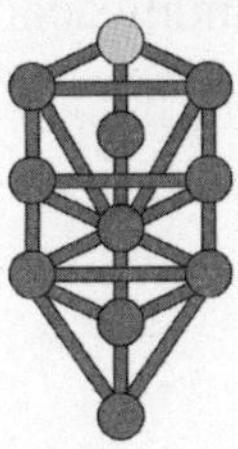

Árvore da Vida: Kether pelo Fogo

É a condição básica do fogo do espírito. Flamas em formato de Yod dispõem-se de acordo com o desenho da Árvore da Vida sobre um bastão de fogo.

O aspecto ígneo de Kether. Força natural, fálica, solar. A semente do espírito. O lingam. O desejo de criar, a vontade de gerar, o instinto de fazer. Força natural em oposição à força invocada. O estágio mais primitivo da materialização da energia primordial.

Luz

Inspiração, energia, epifania. Potência, vigor, arrebatamento.

Sombra

Exagero, precipitação, ansiedade. Cancelamento, passo em falso, falta de noção de limites.

Astrologia

Signos de Fogo.

Vida Profissional

Momento de começar algo novo, dar o primeiro passo para conquistar grandes ambições vindas do coração, ganhar uma promoção, ascender profissionalmente.

Vida Afetiva

Relacionamentos luminosos ou abrasadores. Para a família, é mais fácil enxergar a personalidade temperamental como um traço natural da pessoa e lidar com isso, mas quem namora pessoas do tipo "pavio curto" sabe que esse destempero é opcional.

Vida Espiritual e Intelectual

Epifania. Uma verdade ou percepção da verdade se apresenta de modo inequívoco.

Amizades

Nascimento de uma amizade, simpatia à primeira vista, comunicação fluida, identificação espiritual.

Pergunta

O que você mais quer do fundo da sua alma?

Magia

Arcano útil para começar trabalhos de grande ambição espiritual.

Sugestão

Use sua energia, dê o primeiro passo.

Missão

Brotar.

Ás de Copas (A Raiz dos Poderes da Água)

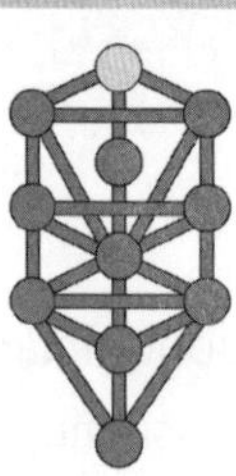

Árvore da Vida: Kether pela Água

Fertilidade. A primeira gota de sêmen que dá origem ao embrião. Yoni recebendo lingam. A Lua, os poderes femininos e passivos. Uma linda taça azul transborda água, nascendo de um lótus branco. O rio do afeto deságua no mar, mas começa em um pequeno córrego, cuja nascente se esconde na rocha da Terra — o outro elemento passivo.

Luz

Cooperação, fusão, fertilidade.

Sombra

Irracionalidade, dissolução, hesitação.

Astrologia

Signos de Água.

Vida Profissional

Atividades com forte fator estético. Prazeres dos sentidos, aromas, bem-estar.

Vida Afetiva

Ocasião propícia para abrir o coração, se permitir sentir novos sentimentos. Começo de relacionamento, amor romântico. Concepção.

Vida Espiritual e Intelectual

Seus sentimentos são indicadores do melhor caminho a se seguir. Vá para e por onde seus sentimentos estejam mais bem acomodados.

Amizades

Nascimento de uma amizade particularmente carinhosa ou talvez uma amizade se transforme em amor romântico.

Pergunta

Quem você está começando a amar?

Magia

Serve como símbolo da vontade de ter um novo amor.

Sugestão

Siga seu coração.

Missão

Florescer.

Ás de Espadas (A Raiz dos Poderes do Ar)

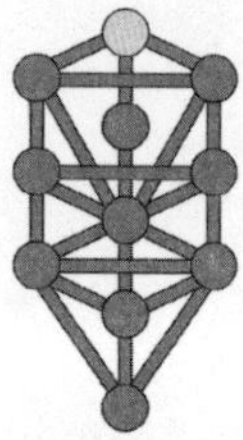

Árvore da Vida: Kether pelo Ar

A origem do pensamento. Força invocada em oposição à força natural. Potência cerebral, técnica apurada. Uma bela espada verde, cuja ponta é coroada com luzes, emerge dentre nuvens macias. No cabo, lê-se *Thelema* (vontade). Há duas luas e três sóis no desenho da espada. A palavra θέλημα dispersa as nuvens da mente. É o poder da lógica.

Seu impulso racional não é autogerado, mas depende do espírito do Fogo e da emoção da Água para entrar em estado de intenção de movimento.

Luz

Invocação, vontade de realização, sede intelectual.

Sombra

Frieza, crueldade, fracasso intelectual. Secura, severidade.

Astrologia

Signos de Ar.

Vida Profissional

Em todos os naipes o Ás representa um novo começo, mas, no domínio de Espadas, o arcano ganha a qualidade de coisa pensada de forma sistemática. Favorece atividades intelectuais por natureza ou que envolvam o uso do cérebro, seja qual for a área profissional. O pensamento é usado como fonte de renda, como ciências exatas e tecnologia.

Vida Afetiva

Relacionamentos platônicos ou imaginários. Pessoa pouco demonstrativa em termos de afeto. Amor seco, afeto áspero. Situação familiar desconfortável — as circunstâncias, as peculiaridades ou a cultura indicam ambiente formal ou mesmo hostil.

Vida Espiritual e Intelectual

Aprendizados amargos mas inevitáveis. Etapas maçantes de um estudo porém incontornáveis. Há práticas e princípios que devem ser mantidos de forma racional para que a espiritualidade não seja uma busca alheia aos demais planos.

Amizades

Não é um arcano amigável, no sentido de que é puro movimento de pensamento e não tem impulso próprio.

Pergunta

Seus pensamentos mandam na sua mente ou sua mente manda nos seus pensamentos?

Magia

Este arcano pode ser usado com sucesso em trabalhos para manter os inimigos à distância.

Sugestão

Encare a situação de forma racional, incisiva e cortante.

Missão

Dominar impulsos e emoções com a força do intelecto.

Ás de Ouros (A Raiz dos Poderes da Terra)

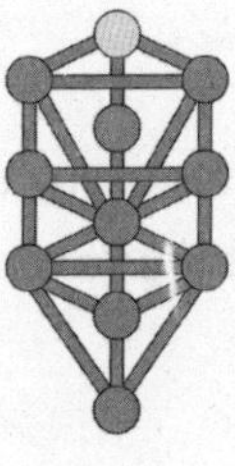

Árvore da Vida: Kether pela Terra

Mostra um disco solar em cujo centro se encontram três circunferências mínimas, duas delas com o número 666[50], o número da Besta, e outra (a superior) com um algarismo. É símbolo fálico e de início. A soma destes números é 667,

50. Observe que o segundo número 6 está na interseção entre o primeiro e o terceiro.

número da Prostituta Escarlate, cujo nome é Babalon. As referidas esferas estão cercadas pela Estrela de Babalon, de sete pontas, que representa a ordem Argenteum Astrum. Cinco traços ao redor desta formam um sutil pentagrama, e nas bordas do disco está escrito To Mega Terion (À Grande Besta), um dos motes mágicos de Crowley.

Ao redor do círculo, formas de madeira e rocha lembram penas em seu formato, sublinhando a ideia de que a Matéria é a Natureza, a qual é composta por três reinos. Este arcano enfatiza a geração e a gestação de algo, que pode ser um projeto, um filho ou outro tipo de criação. É a afirmação da identidade do Sol e da Terra.

Luz

Invenção, início, conveniência. O começo de uma história pujante. A semente dentro da Terra. Ganho material.

Sombra

Abortamento, mesquinhez, frustração.

Astrologia

Signos de Terra.

Vida Profissional

Primeiro passo de um empreendimento; primeiro dia no emprego novo. Atividade profissional na área econômica ou médica.

Vida Afetiva

Gravidez, adoção de crianças ou animais.

Vida Espiritual e Intelectual

A compreensão do início de cada coisa, cada ser, cada processo, é necessária para o autoconhecimento, que, por sua vez, é o objetivo em si da prática mágica.

Amizades

Novos conhecidos, novo ambiente, possibilidade de contato e networking.

Pergunta

O que você quer colher?

Magia

Arcano indicado para trabalhos de fortalecimento financeiro e de saúde física.

Sugestão

Regue a semente na medida certa, para que ela não morra seca nem afogada.

Missão

Estimular o desenvolvimento, compartilhar, procriar.

❀ 2 – Dois ❀

Relacionados a **Chokmah**, são a primeira força masculina, definida, ainda que abstrata.

Dois de Paus – Domínio (O Senhor do Domínio)

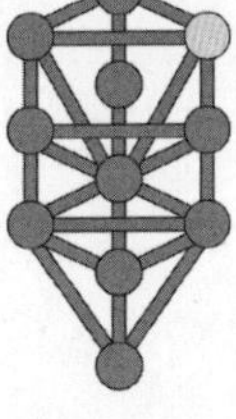

Árvore da Vida: Chokmah pelo Fogo

Dois dorjes[51] se cruzam em confronto. A destruição é seleção e parte da criação. Toda a característica masculina de Chokmah manifesta-se em dois, como um espelho de competição e superação. Este arcano reflete duas egrégoras lutando pelo poder.

Seis chamas ao fundo indicam a influência do Sol, que aparece como a vontade pura de cada ser humano.

51. Instrumento ritualístico tibetano.

Luz

Ímpeto, conquista, determinação. Ousadia, cumprimento da lei, domínio das regras.

Sombra

Competição, vingança, destruição. Descaramento, desassossego, obsessão.

Astrologia

Martes em Áries.

Vida Profissional

Disputa, concurso, competição. Ambiente profissional para pessoas fortes e adultas.

Vida Afetiva

Estrutura familiar baseada na dinâmica da competição. Relacionamento amoroso em que um lado quer dominar o outro.

Vida Espiritual e Intelectual

Momento de divisão, confusão e dúvida na prática espiritual ou intelectual. O momento passa, mas as decisões ficam.

Amizades

Amizade competitiva, amigos que fazem bullying entre si.

Pergunta

Qual é o primeiro problema que você precisa resolver?

Magia

Arcano adequado para trabalhos de dominação e de guerra.

Sugestão

Escolha bem suas lutas.

Missão

Prevalecer.

Dois de Copas – Amor (O Senhor do Amor)

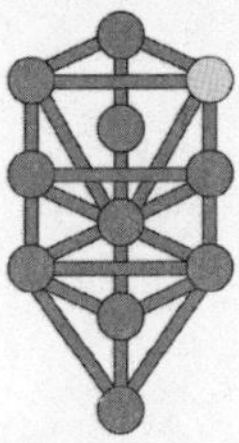

Árvore da Vida: Chokmah pela Água

O Santo Graal recebe a divina inspiração, a manifestação pura do amor como vontade e impulso. Chokmah, a posição deste arcano na Árvore, é suavizado em sua masculinidade angulosa pela liquidez delicada retratada no desenho de uma flor de lótus em um cenário de mar tranquilo. Da flor de lótus jorra água cristalina para duas taças transbordantes.

Ao redor do talo do lótus, dois peixes se entrelaçam e cospem água, formando um quadro de romantismo e beleza. É o amor sob vontade.

Luz

Amor, amizade, paixão. Harmonia que brota da união de polos opostos.

Sombra

Tolice, desperdício, evaporação. Ilusões inalcançáveis. Desequilíbrio e carência.

Astrologia

Vênus no primeiro decanato de Câncer.

Vida Profissional

Profissões que exijam amabilidade, delicadeza, receptividade, sensibilidade, empatia, amor ao ofício.

Vida Afetiva

Pessoa afetuosa que sabe demonstrar seu afeto. Família carinhosa, passional, às vezes até um pouco demais para personalidades mais reservadas.

Vida Espiritual e Intelectual

O momento do amor pelos estudos, sejam eles intelectuais ou espirituais.

Amizades

Amor entre amigos, amor não sexual, parceria marcante.

Pergunta

Quem você ama?

Magia

Arcano próprio para trabalhos de união, de amor romântico e sensual.

Sugestão

Aceite o amor, mas que ele seja sob vontade.

Missão

Amar.

Dois de Espadas – Paz (O Senhor da Paz Restaurada)

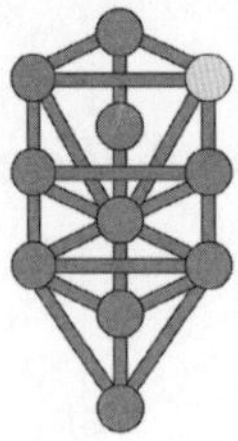

Árvore da Vida: Chokmah pelo Ar

Não se deixe confundir pelo título do arcano: temos aqui uma paz diplomática e temporária, não a paz real e duradoura. É a paz dos acordos. Duas espadas trespassam o interior de uma lendária rosa azul, de forma que o menor movimento de uma destas a destruirá.

Este arcano, chamado O Senhor da Paz Restaurada, representa o estímulo da mente perante uma lógica que lhe é particular, mas não funciona em outros planos, daí a falsidade do estado pacífico que representa.

Luz

Negociação, trégua, paz. Começo de uma análise. Acordo temporário.

Sombra

Radicalismo, desacordo, irredutibilidade. Falta de tato. Tensão permanente.

Astrologia

Lua no primeiro decanato de Libra.

Vida Profissional

Diplomacia é o ponto essencial no aspecto profissional deste arcano.

Vida Afetiva
Situação de trégua temporária. Conflito sob controle, mas não para sempre.

Vida Espiritual e Intelectual
O momento em que se precisa lidar com o contraditório é sempre um desafio espiritual e intelectual.

Amizades
Não há sinceridade neste cenário, logo simboliza uma falsa amizade ou mera tolerância social.

Pergunta
Vale a pena dizer exatamente o que pensa ou seria melhor filtrar?

Magia
Arcano bom para trabalhos de pacificação, para acalmar os ânimos.

Sugestão
Não fale demais.

Missão
Manter a racionalidade.

Dois de Ouros – Mudança (O Senhor da Mudança Harmoniosa)

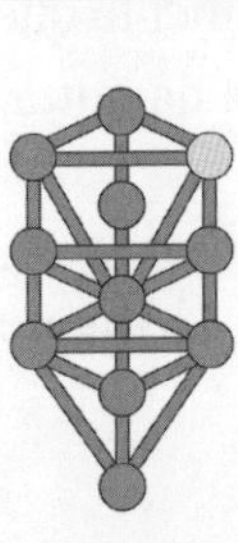

Árvore da Vida: Chokmah pela Terra

A imagem da carta sugere mudança, ainda que dentro de certa estabilidade. Uma serpente coroada — variação da serpente Oroboro — forma o desenho do número oito, que é o número da matéria. Esse formato é também visível como o infinito (∞), e a serpente contém, em cada uma das circunferências compostas por seu corpo, um círculo *yang/yin*, símbolo de dualidade e polaridades opostas.

O círculo superior sobre o fundo claro gira em sentido anti-horário e alterna verde com amarelo, simbolizando o Casal Celeste (ou O Mago e A Suma Sacerdotisa; ou Fogo e Água). Já o círculo inferior habita um ambiente escuro, gira em sentido horário e alterna amarelo com roxo, sendo o Casal Terrestre (ou A Imperatriz e O Imperador; ou o Ar e a Terra).

A existência de polaridades opostas garante o equilíbrio. A tendência natural é uma mudança para melhor. Retrato do universo completo manifesto no que diz respeito à sua dinâmica. A mudança é o fundamento da estabilidade.

Luz

Disposição, entusiasmo, crescimento. Desenvolvimento, flexibilidade, continuidade.

Sombra

Inflexibilidade, desequilíbrio, não aceitação. Uma pessoa tola é uma pessoa não confiável.

Astrologia

Júpiter no primeiro decanato de Capricórnio.

Vida Profissional

Ciências exatas. Profissões que dependam de constantes viagens. Serviços e pesquisas voltados para ciclos.

Vida Afetiva

Inconstância nos eventos, mas estabilidade no afeto. Relacionamento que requer deslocamento físico — pessoas que moram longe uma da outra.

Vida Espiritual e Intelectual

Tendência a achar que sabe mais do que realmente sabe. Crítica e autocrítica devem ser aplicadas para evitar essa cegueira.

Amizades

Algumas pessoas podem testar sua ingenuidade. O que tiver de acontecer para você aprender uma lição muito pessoal acontecerá.

Pergunta
O que precisa mudar?

Magia
Indicado como símbolo de favorecimento do fluxo, de fluidez dos ciclos.

Sugestão
Interaja de modo harmonioso. Não confronte.

Missão
Adaptar-se.

❀ 3 – Três ❀

Binah é a Grande Mãe na Árvore da Vida, e o número 3 é o dos primeiros resultados, é o primeiro número masculino após 1.

Três de Paus – Virtude (O Senhor da Força Estabelecida)

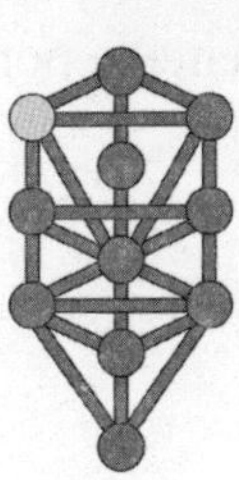

Árvore da Vida: Binah pelo Fogo

É o início da complementação. Se os Ases são o embrião, os arcanos de número 2 são o feto, enquanto os de número 3 são o bebê. Este arcano retrata, portanto, a qualidade essencial do espírito, que é virtude. Três bastões incandescentes com flores de lótus nas extremidades simbolizam o ápice da meditação e da espiritualidade.

O Sol acende a Grande Mãe. Há augúrios de triunfo. O sucesso vem, mas depois de muita dedicação. Vitória fácil não tem o mesmo gosto que uma vitória suada. Observe que o título do arcano não se refere a moralismo, mas sim a excelência.

Luz
Conquista, sucesso, esforço. Diligência, finalização de um bom trabalho. Reconhecimento.

Sombra

Capricho, pretensão, insolência. Falta de educação, impertinência, grosseria. Apagamento.

Astrologia

Sol no segundo decanato de Áries.

Vida Profissional

Funções de vigilância, controle e finalização.

Vida Afetiva

Personalidade magnética que centraliza atenções, o que gera ondas suaves e maremotos. O fato de não se dobrar a vontades alheias causa admiração, irritação e inveja.

Vida Espiritual e Intelectual

O orgulho é o grande desafio espiritual deste arcano. Intelectualmente, a persistência é sua melhor amiga.

Amizades

Poucas e sinceras amizades. O Fogo da personalidade representada por este arcano não é qualquer pessoa que aguenta.

Pergunta

Você acredita nas próprias qualidades?

Magia

Arcano bom para trabalhos de superação e energia.

Sugestão

Pratique o que prega.

Missão

Ensinar pelo exemplo.

Três de Copas – Abundância (O Senhor da Abundância)

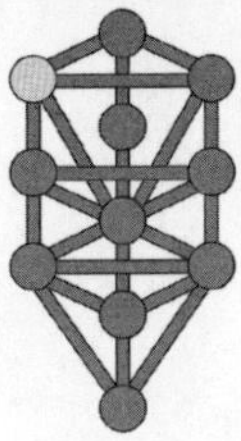

Árvore da Vida: Binah pela Água

Três taças assemelhadas a romãs transbordam a água que recebem de um lótus de oito flores. A imagem transmite beleza, dinamismo, felicidade e alegria. Mostra o entusiasmo do romantismo; o florescimento.

O único perigo deste arcano seria o vício no prazer, o hedonismo radical que acaba desvirtuando a razão de ser do próprio prazer — e aqui não estamos falando apenas ou necessariamente de prazer sexual. A falta de referência das trevas é um problema de quem só vive na luz.

Luz

Sorte, prazer, sensualidade. Prosperidade, recompensa, equilíbrio de opostos.

Sombra

Vício, ostentação, degradação. Um arcano difícil de degradar.

Astrologia

Mercúrio no segundo decanato de Câncer.

Vida Profissional

Qualquer trabalho que se ame de verdade está representado neste arcano. A atividade em si não é tão importante, mas sim o prazer que se sente ao praticá-la.

Vida Afetiva

O fluxo do amor jorrando livremente. Gentileza.

Vida Espiritual e Intelectual

Expansão intelectual, crescimento espiritual. O desabrochar do conhecimento por meio da luz e do prazer.

Amizades

Amizade à primeira vista.

Pergunta

O que é o amor para você?

Magia

Arcano indicado para trabalhos de amor.

Sugestão

Compartilhe o que você tem de melhor.

Missão

Desconfiar do que parece bom demais para ser verdade.

Três de Espadas – Tristeza (O Senhor da Tristeza)

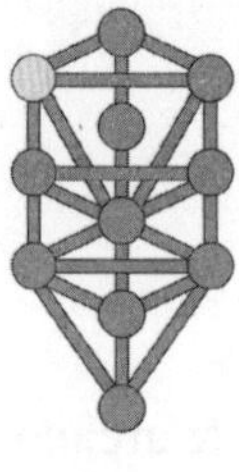

Árvore da Vida: Binah pelo Ar

O desenho da carta é impactante, o pesar é evidente. O ar ficou pesado; a atmosfera sombria sugere complicações. Algo está dando errado. Este é o resultado do falso acordo realizado no Dois de Espadas: a flor foi despetalada, porque não há diplomacia que justifique ou mantenha a hipocrisia. A mentira cai, as verdadeiras opiniões emergem e aí não dá mais para sustentar as máscaras. Mas quem procura viver conforme sua vontade pura não tem o que temer.

O útero do caos gera monstros de variados tipos. A espada maior, a do Mago, aponta para cima e corta o cruzamento de duas espadas curtas e curvas, causando um impacto que destrói a rosa azul. Acabou a diplomacia. Uma tempestade se forma ao fundo.

Luz

Sobriedade, entendimento, honestidade. Disciplina, promessa cumprida, autoconhecimento. Perda de ilusões.

Sombra

Melancolia, dor, decepção. Discórdia, perversão, segredo.

Astrologia

Saturno no segundo decanato de Libra.

Vida Profissional

Atividades que envolvam alguma lida com dor, luto, tristeza, decepção. Isso pode abranger diferentes áreas, como medicina, serviço social, judiciário ou artes.

Vida Afetiva

Experiência triste que pode gerar trauma, isso quando não for o caso de já existir um trauma causado por um evento infeliz.

Vida Espiritual e Intelectual

Aprendizado pela dor.

Amizades

Relacionamento arrasado por um evento específico.

Pergunta

Existe alguma decisão difícil que você está evitando?

Magia

Este arcano pode ser usado em trabalhos de autoproteção.

Sugestão

Tome decisões lúcidas sem demora. É hora de agir.

Missão

Retomar o equilíbrio perdido.

Três de Ouros – Trabalhos (O Senhor das Obras Materiais)

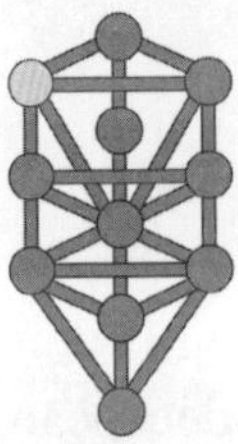

Árvore da Vida: Binah pela Terra

Uma pirâmide tridimensional vista de cima é sustentada por três grandes rodas com os símbolos de mercúrio, súlfur e sal. A representação é a de uma base estruturada, com os aspectos essenciais da vida em formação. Arcano promissor e dinâmico, representa a formação da matéria. Mas contar com as coisas antes que elas de fato aconteçam nunca é recomendável.

Sugere uma pequena vitória, o começo de uma conquista, o primeiro passo concreto rumo à realização de algo importante. Porém, tudo pode ser posto a perder caso não haja continuidade do *trabalho*, como já indica o nome da carta no plural, referindo-se àqueles passados, presentes e futuros. Se já se conseguiu alguma coisa, é porque algum trabalho foi feito, por isso foi conquista e não presente. É preciso manter o ritmo de trabalho para que uma primeira vitória não se reverta em grande derrota por motivo fútil.

Luz

Desenvolvimento, manifestação, solidificação. Disposição para o trabalho, atenção para os detalhes, confiabilidade.

Sombra

Negligência, interrupção, mau passo. Preguiça ou futilidade conduzindo a um fracasso formidável.

Astrologia

Marte no segundo decanato de Capricórnio.

Vida Profissional

Não há outro assunto na vida da pessoa neste momento a não ser trabalho, mas, se por um acaso houver, terá de ficar em segundo plano. A vida e a atividade profissional estão de tal maneira entrelaçadas que uma depende da outra, pelo menos até segunda ordem.

Vida Afetiva

A vida amorosa e familiar perde espaço neste arcano voltado totalmente para o trabalho, mas ele representa um momento, não um padrão estabelecido, a menos que surja com frequência nas tiragens de determinada pessoa.

Vida Espiritual e Intelectual

Busca-se compreensão em nível irreal, além de haver ambição terrível de entender e catalogar coisas e seres. Isso conduz a um desmembramento da espontaneidade que mata qualquer possibilidade de magia real.

Amizades

Colegas e parceiros de negócios são o canal por onde fluem relações de amizade conforme a ótica desta carta.

Pergunta

Seu trabalho lhe dá orgulho?

Magia

Esta carta pode ser usada em trabalhos mágicos de construção sólida em qualquer área.

Sugestão

Preste atenção aos detalhes.

Missão

Fazer um trabalho de excelência.

4 – Quatro

Chesed é refletido nos arcanos de número 4 em forma de uma estabilidade que pode significar desde segurança até apodrecimento, dependendo do naipe e da combinação.

Quatro de Paus – Conclusão (O Senhor da Obra Aperfeiçoada)

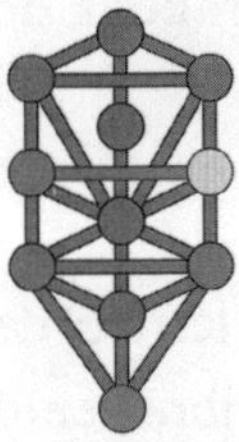

Árvore da Vida: Chesed pelo Fogo

Existe aqui uma primeira realização espiritual, a experiência do equilíbrio entre as forças ativas e passivas, representadas pelos bastões de dupla ponta: em uma extremidade vemos a pomba, símbolo venusiano e feminino; na outra está o carneiro, símbolo ariano e masculino. No meio queima o fogo do espírito, e uma estrela de oito pontas emerge do centro do cruzamento entre os bastões: todo quatro quer tornar-se um oito.

Esta é uma carta de alegre celebração, de merecido descanso após trabalho dedicado. Oferece uma sensação de tarefa cumprida que traz abertura para novos projetos, ideias e possibilidades. A finalização é uma limitação, e toda limitação contém em si as sementes da discórdia.

Luz

Pausa após esforço, aperfeiçoamento, controle. Trabalho bem executado, tarefa realizada com excelência.

Sombra

Inquietude, lerdeza, atraso. Excesso de ansiedade levando a atitudes desencontradas.

Astrologia

Vênus no terceiro decanato de Áries.

Vida Profissional

Tarefa complexa que precisa ser executada com maestria. Oportunidade de mostrar seu potencial e crescer no mercado.

Vida Afetiva

Hora de declarar o que você sente. Relacionamentos com pendências têm neste momento a chance de uma conclusão digna.

Vida Espiritual e Intelectual

O tempo e a energia usados para ganhar conhecimento psicológico, espiritual ou acadêmico são bem empregados e se provam úteis em diferentes níveis da vida.

Amizades

Amizades antigas, estabelecidas, que já passaram por altos e baixos, mas seguem firmes.

Pergunta

Você tem alguma pendência?

Magia

Esta carta é usada em trabalhos de magia como aceleradora de uma conclusão.

Sugestão

Controle sua respiração. Use a gentileza como estratégia.

Missão

Manter os pés no chão.

Quatro de Copas – Luxo (O Senhor do Prazer Misturado)

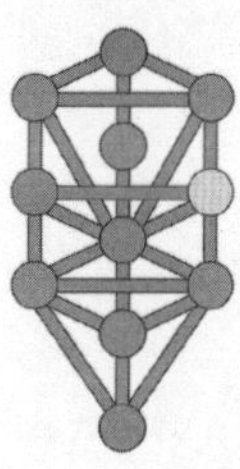

Árvore da Vida: Chesed pela Água

Aqui o mar do naipe de Copas apresenta as primeiras turbulências, e o céu antes azul torna-se acinzentado. As taças e o lótus ainda mantêm o equilíbrio, mas um elemento de excesso invadiu o amor. Daí vem o Luxo, no sentido de ostentação de afetividade, capricho, frivolidade.

A queda da água da lótus para a taça se dá de maneira antinatural. A água não flui de maneira habitual, mas forçada e técnica, indicando tensão eminente, a tentativa de manter um primeiro influxo de paixão que já se localiza em um tempo que não o presente. Enlevo exagerado, é como se fosse o excesso de açúcar que torna o amor diabético. As taças e a água, organizadas, emanam um brilho dourado que é ameaçado pelo céu fechado ao fundo.

Luz

Estabilidade afetiva, proteção, afeto.

Sombra

Carência, ciúme, amor possessivo. Ordem ilusória. O fantasma da tristeza e da solidão. Relação desigual.

Astrologia

Lua no terceiro decanato de Câncer.

Vida Profissional

A vida profissional pode estar sendo limitada, invadida ou prejudicada por questões amorosas. É muito importante manter a separação entre seus amores e seu trabalho.

Vida Afetiva

Estrutura familiar que favorece relacionamentos desiguais e abusivos. Chantagem emocional, vitimização.

Vida Espiritual e Intelectual

Amores mundanos e carnais atropelam a disciplina de estudos e de práticas espirituais com sua urgência. Se for uma primeira vez, vale pela experiência; do contrário, não faz sentido.

Amizades

Amigos possessivos, que disputam quem é mais amigo de quem.

Pergunta

Você recebe tanto amor quanto dá?

Magia

Arcano sem função na magia por servir de símbolo de algo a ser evitado, e a magia trabalha com ideias afirmativas.

Sugestão
Não se vitimize.

Missão
Superar medos.

Quatro de Espadas – Trégua (O Senhor do Descanso do Conflito)

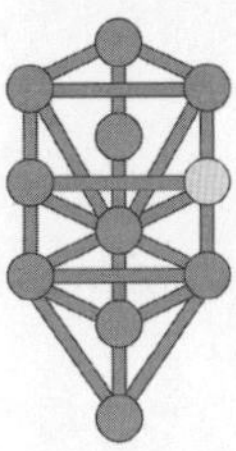

Árvore da Vida: Chesed pelo Ar

Já passamos pelo Dois de Espadas e sua paz diplomática, provisória e com um quê de hipocrisia, uma paz que todos sabiam ser insustentável, o que foi confirmado no Três de Espadas. Agora, o Quatro sugere a conclusão de um processo. Foi encontrada uma solução para o problema, ou foi estabelecido um acordo entre as partes. Concentração e autocontrole são necessários para que cada um possa analisar a situação de um ponto de vista mais amplo e se organizar. Mas existe enorme tensão por debaixo de tudo, e a carta seguinte deste naipe não deixará dúvidas quanto a isso.

Esta carta, chamada O Senhor do Descanso do Conflito, é um arcano de dogma, uma validação do conceito de autoridade intelectual. Indica um período de tranquilidade que deve ser aproveitado para se recuperar e se reenergizar.

Luz
Reflexão, repouso, tolerância. Fim da tristeza, encerramento de uma etapa árdua.

Sombra
Restrição, afastamento, subjugação. Se o isolamento não for voluntário, não será feita a devida reflexão.

Astrologia

Júpiter no terceiro decanato de Libra.

Vida Profissional

Atividades solitárias. Trabalho em home office. O afastamento e a distância são fatores intrínsecos à atividade profissional desta carta.

Vida Afetiva

Ou você muda o tipo de interação com as pessoas amadas, ou vai se ver sendo conduzido por elas. As pessoas não estarão sendo invasivas, você é que precisa demarcar bem os limites.

Vida Espiritual e Intelectual

Muitas dúvidas vão se dissipando. Os fundamentos estão bem evidentes. A sensação é de reorganização, de um passo à frente.

Amizades

Momento de celebrar com os amigos, de socializar, mas sem grandes intenções de networking, apenas comemorar e relaxar de forma despretensiosa.

Pergunta

Você está em paz consigo mesmo(a)?

Magia

Arcano útil para trabalhos de fixação, como uma "cola" metafísica.

Sugestão

Descanse.

Missão

Conservar.

Quatro de Ouros – Poder (O Senhor do Poder Mundano)

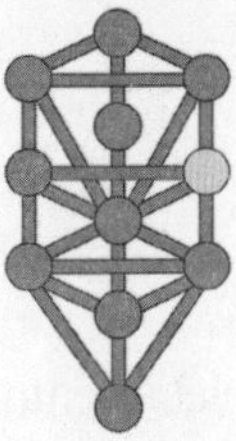

Árvore da Vida: Chesed pela Terra

Uma carta estanque e limitada, fixa, rígida. A Terra em seu aspecto mais formal. O eixo da roda. Os discos são quatro torres de uma fortaleza, com os quatro elementos representados no topo. O conservadorismo está em seu aspecto máximo — ruim de roda, jogo duro, negociação complicada. Dentro de seus limites, e com paciência, é possível construir algo sólido, de crescimento certo. A situação é mediana, mas suportável, a não ser para quem tem baixa tolerância a clichês.

Esta carta só pode ser insatisfatória para quem nutre expectativas altas demais, pois representa mais um passo sólido à frente, mais um degrau que se sobe. Pode não ser o avanço espetacular e imediato que se esperava, mas, na realidade, só há ganhos, e nenhuma perda.

Luz

Ganho material, sucesso, produtividade. Proficiência material, plenitude afetiva.

Sombra

Avareza, ganância, materialismo. Limitação, insignificância.

Astrologia

Sol no terceiro decanato de Capricórnio.

Vida Profissional

Atividades relacionadas a organização, conclusão, estruturação, fundamentação.

Vida Afetiva

Tradição familiar. Relacionamento estável. Pessoa dominadora com seus amores e afetos.

Vida Espiritual e Intelectual

Ritual. Estudo sistemático.

Amizades
Pessoa que pode ser uma estrutura ou uma âncora.

Pergunta
Qual o nível de rigidez em sua vida?

Magia
Arcano adequado para trabalhos de firmeza, prosperidade e estabelecimento.

Sugestão
Ajuste sua ambição à sua realidade.

Missão
Ser estável.

❃ 5 – Cinco ❃

Arcanos Menores de número 5 — com a exceção do Cinco de Paus — têm uma energia árida, pois representam **Geburah**, a Severidade. Esta *sephirah*, que tende a ser dura nos outros três planos inferiores, encontra seu objetivo maior e residência no plano espiritual.

Cinco de Paus – Luta (O Senhor da Disputa)

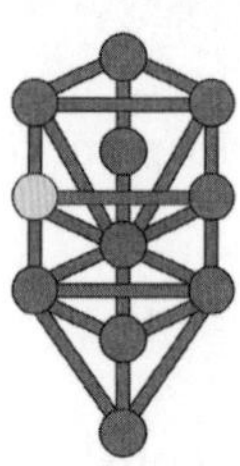

Árvore da Vida: Geburah pelo Fogo

No centro da imagem, há um grande báculo de Mercúrio cujo topo exibe o emblema da Grande Besta. Debaixo do báculo estão quatro bastões, dois com cabeça de fênix e dois com cabeça de flor de lótus. Os tamanhos são desproporcionais e inexatos, todavia há certa coerência na figura.

Há violência espiritual, mas há resistência e dignidade que caracterizam a luta deste arcano. Esta representa um estímulo para a reinvenção de si mesmo, como a cobra que se contorce e se arrasta no chão para se livrar da pele morta.

Luz
Renovação, ousadia, desafio. Vitória em disputa violenta.

Sombra
Fraude, desperdício, dificuldade. Crise espiritual.

Astrologia
Saturno no primeiro decanato de Leão.

Vida Profissional
Profissões voltadas para controle, medida, direcionamento. Atividades que requeiram energia vulcânica e senso de aventura.

Vida Afetiva
Relacionamentos conturbados, em que a luta é uma constante, seja aquela para conseguir entender a si e aos entes amados, seja uma luta referente a alguma dificuldade prática que restringe a vivência amorosa em algum nível.

Vida Espiritual e Intelectual
Como mencionado, há uma crise espiritual. É o momento de questionar aquilo em que se acredita. Reavaliar a própria fé é um oxímoro, e faze o que tu queres.

Amizades
Grandes amizades são feitas no campo de batalha.

Pergunta
Pelo que você luta?

Magia
Arcano usado em trabalhos de proteção e revide.

Sugestão
Vá com calma.

Missão
Lutar para crescer.

Cinco de Copas – Decepção (O Senhor da Perda no Prazer)

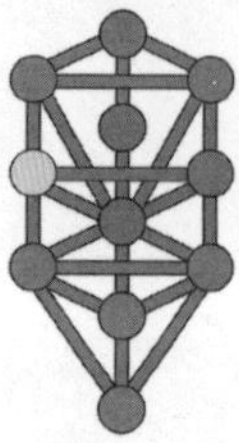

Árvore da Vida: Geburah pela Água

O excesso do Quatro de Copas levaria, cedo ou tarde, a um desgaste. O desenho da carta representa isso: a água secou, as flores murcharam ao vento quente, as pétalas caíram. As taças formam um pentagrama invertido. É o momento em que o amor perde seu primeiro encanto, em que outros ângulos, menos atraentes, são revelados.

É o preço que se paga por idealizar o outro — a realidade sempre se impõe, mais cedo ou mais tarde, e a única escapatória seria o delírio da loucura. Só que não basta querer para ser louco: a lucidez pode ser a grande maldição de quem não quer enxergar a realidade. Entretanto, quem não tem medo da verdade nem se exime de aprender não tem o que temer, pois sabe que querer a verdade muitas vezes implica querer a dor sem ser masoquista e, ao mesmo tempo, querer o prazer sem ser hedonista.

Luz

Separação, desilusão, compreensão.

Sombra

Tristeza, vazio, traição. Distúrbio inesperado.

Astrologia

Marte no primeiro decanato de Escorpião.

Vida Profissional

Serviços sociais, psicologia, voluntariado. Pode ser uma pessoa em emprego comercial ou burocrático, mas que pratica uma assistência diferenciada no sentido social.

Vida Afetiva

Separação, rompimento, desentendimento.

Vida Espiritual e Intelectual
Suas emoções estão atrapalhando sua capacidade de julgamento.

Amizades
Atitude grosseira repentina por parte de pessoa amiga.

Pergunta
O que você mais teme: se decepcionar ou causar decepção?

Magia
Esta carta dificilmente teria função em um trabalho de magia, a não ser que fosse usada para causar tristeza e aflição em alguém.

Sugestão
Seja sincero consigo mesmo(a).

Missão
Superar mágoas.

Cinco de Espadas – Derrota (O Senhor da Derrota)

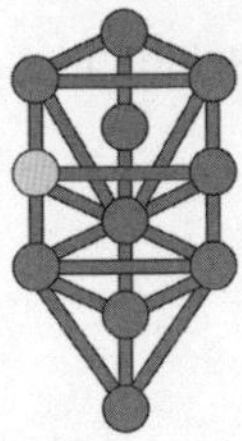

Árvore da Vida: Geburah pelo Ar
O pentagrama invertido formado pelas espadas é bem direto em sua mensagem: este arcano não traz uma bela imagem, pois da mesma forma que a mente tentou manter artificialmente o controle tanto no Dois quanto no Quatro de Espadas, no Três e no Cinco deste naipe a degeneração acaba vindo. Isto ocorre porque as elucubrações da mente são artificiais e não podem trazer senão a queda. Muitas teorias intelectuais que se projetam são falácias sofistas que servem de escudo para traumas emocionais. O Cinco de Espadas é a derrota do artificialismo cerebral, ainda que não proponha nada para ocupar o lugar dos raciocínios artificiais — o que é a função do Seis de Espadas.

Sugere fracasso oficial, declarado. Não tem o que recuperar. Esta carta representa traição.

Luz

Aprendizado, conformação, amadurecimento.

Sombra

Fracasso, pobreza, medo.

Astrologia

Vênus no primeiro decanato de Aquário.

Vida Profissional

Atividade insalubre.

Vida Afetiva

Pessoa mal-intencionada estimulando a confusão e gerando intrigas em família e entre casais. Quebra de confiança.

Vida Espiritual e Intelectual

Momento em que quem tem fé deixa de ter, e quem não tem gostaria de ter.

Amizades

Uma pessoa pode se revelar indigna de sua confiança. Boatos não esclarecidos.

Pergunta

Você precisa passar por isso?

Magia

Não serve para trabalho nenhum que não seja nefasto.

Sugestão

Aceita que dói menos.

Missão

Libertar-se de padrões negativos de pensamento e atitude.

Cinco de Ouros – Preocupação (O Senhor dos Problemas Materiais)

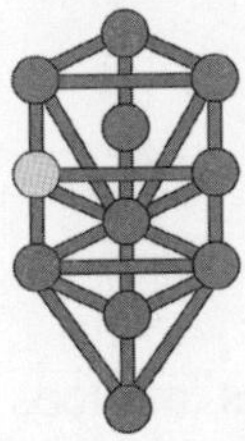

Árvore da Vida: Geburah pela Terra

Mais um pentagrama invertido aparece, sinal de forças adversas, especialmente quando se usam forças consideradas sagradas para causas materiais. Ação suprimida, linhas cruzadas, acordo impossível. É preciso repensar estratégias, implementar um choque de gestão, eliminar as ervas daninhas sem hesitar, do contrário, o fracasso é certo.

De uma forma ou de outra, implica alguma perda material — o tamanho e a importância da perda podem ser avaliados pelo contexto da pergunta e pelos arcanos que estão ao redor. Em caso de consulta com uma só carta, este arcano não poderia ser mais claro.

Luz

Reavaliação, gerenciamento, paciência. Resiliência, resistência, superação.

Sombra

Piora, perda, destruição. Desespero.

Astrologia

Mercúrio no primeiro decanato de Touro.

Vida Profissional

Ou se trata de uma ocupação profissional de natureza caótica, ou a pessoa está vivendo um caos no trabalho.

Vida Afetiva

Briga por dinheiro. Surto psiquiátrico. Ausência de recursos.

Vida Espiritual e Intelectual

Momento em que a pessoa é testada de forma impiedosa. Quem não passar no teste terá de refazer todo o caminho.

Amizades

Cenário nada convidativo para relacionamentos cordiais. A tendência é a coisa desandar.

Pergunta

Como você se sente em relação ao seu trabalho?

Magia

Não há como usar esse arcano de forma produtiva em trabalhos mágicos.

Sugestão

Cuide de sua saúde.

Missão

Atravessar a crise e aprender com ela.

6 – Seis

Ao contrário da guerra inerente à *sephirah* anterior, as cartas de número 6 são das mais prometedoras em todo o baralho: relacionam-se com **Tiphareth**, o centro da Árvore da Vida, Adonai. Mesmo o naipe de Espadas, o mais difícil e indomável, tem no número 6 seu melhor cenário. Tiphareth é a única que, mesma estando abaixo do Abismo, recebe a luz direto de Kether.

Existe até certa monotonia nos Arcanos Menores de número 6, pois todos indicam excelentes resultados, boa sorte, tendência à felicidade e realização em todos os planos e elementos.

Seis de Paus – Vitória (O Senhor da Vitória)

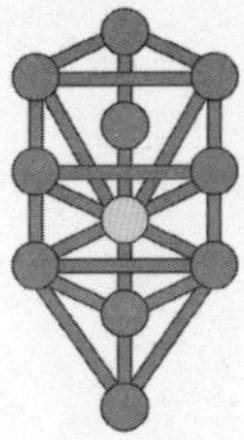

Árvore da Vida: Tiphareth

Sobre um fundo em suave tom lilás, seis bastões se equilibram e formam um arranjo de flamas que alude à Árvore da Vida. Os mesmos bastões com extremidades de lótus e fênix que apareciam no arcano anterior, o Cinco de Paus, permanecem. Contudo, o caduceu com o sinal da Grande Besta desdobrou-se em dois caduceus típicos, com o disco solar alado e as duas serpentes.

A luta do arcano anterior foi vitoriosa. Mas não convém repousar sobre os louros nem deixar o deslumbre subir à cabeça. Mantenha o foco.

Luz

Felicidade, triunfo, sucesso. O brilho que ilumina.

Sombra

Vaidade, orgulho, insolência. O brilho que cega.

Astrologia

Júpiter no segundo decanato de Leão.

Vida Profissional

Isto vale para todos os Arcanos Menores de seis: ótimo emprego, carreira profícua. Pessoa que ama o trabalho e trabalha com o que ama.

Vida Afetiva

Ânimo, paixão, entusiasmo, empolgação.

Vida Espiritual e Intelectual

Depois do teste do Fogo, o espírito se expressa, e você entende porque é o seu espírito.

Amizades

Pessoa de confiança.

Pergunta

Você está pronto para sentir felicidade?

Magia

Todos os Arcanos Menores de seis são adequados para magia de prosperidade e de amor.

Sugestão

Aproveite o momento.

Missão

Desfrutar de tudo que puder.

Seis de Copas – Prazer (O Senhor do Prazer)

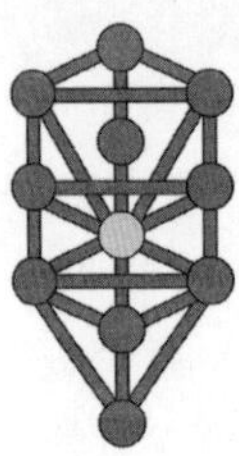

Árvore da Vida: Tiphareth pela Água

No mar que havia secado nota-se agora um novo fluxo de água, cujas ondas são medianas e harmônicas. As flores de lótus regam as taças em abundantes chuveiros, mesmo assim nenhuma gota se perde, ampliando as possibilidades de gratificação pessoal, amorosa e espiritual na relação. É o ápice do amor.

Luz

Harmonia, introspecção, emoções profundas.

Sombra

Imobilidade, cristalização, impasse.

Astrologia

Sol no segundo decanato de Escorpião.

Vida Profissional

Isto vale para todos os Arcanos Menores de seis: ótimo emprego, carreira profícua. Pessoa que ama o trabalho e trabalha com o que ama.

Vida Afetiva

Viver relacionamentos em que o carinho e o cuidado imperam não deveria ser um luxo, mas (ainda) é. Quem tem essa chance, que honre sua sorte.

Vida Espiritual e Intelectual

Depois do teste da Água, a emoção flui, e você desfruta dela porque é a sua emoção.

Amizades

Amigos que são, na prática, como irmãos.

Pergunta

Você está pronto para alcançar o ápice do amor e a ele sobreviver?

Magia

Todos os Arcanos Menores de seis são adequados para magia de prosperidade e de amor.

Sugestão

Evite se gabar.

Missão

Fruir de tudo que puder.

Seis de Espadas – Ciência (O Senhor do Sucesso Conquistado)

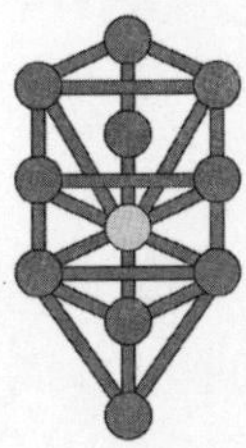

Árvore da Vida: Tiphareth pelo Ar

É o arcano mais agradável do difícil naipe de Espadas. A imagem transmite equilíbrio e harmonia. A ciência do equilíbrio entre método e espontaneidade forja a ciência perfeita. Quando a mente acerta seu alvo, este é o resultado.

Uma rosa-cruz amarelo-ouro ao centro, circundada por um círculo e um losango, em perfeita simetria, indica proteção espiritual e encaminhamento. Seis espadas apontam para o centro da rosa vermelha. A mente está em seu ápice. O perigo é deixar a excelência intelectual destilar arrogância e complexo de superioridade.

Luz

Pesquisa, vitória após batalha, inteligência. Sucesso registrado e divulgado.

Sombra

Misantropia, desconfiança, racionalismo. Sucesso envenenado por pretensão e arrogância.

Astrologia

Mercúrio no segundo decanato de Aquário.

Vida Profissional

Isto vale para todos os Arcanos Menores de seis: ótimo emprego, carreira profícua. Pessoa que ama o trabalho e trabalha com o que ama.

Vida Afetiva

Sentir-se mentalmente à vontade com alguém é uma forma de conexão que nem todos têm a sorte de ter.

Vida Espiritual e Intelectual

Depois do teste do Ar, a mente apita, e você a decifra porque é a sua mente.

Amizades

Conversas de alto nível, discussões sobre temas abstratos e grandiosos. O desfrute de amizades que só é possível quando não se está em desespero para pagar boletos.

Pergunta

Você está pronto para aprender a pensar?

Magia

Todos os Arcanos Menores de seis são adequados para magia de prosperidade e de amor.

Sugestão
Aproveite o momento de extrema lucidez.

Missão
Aprender e ensinar.

Seis de Ouros – Sucesso (O Senhor do Sucesso Material)

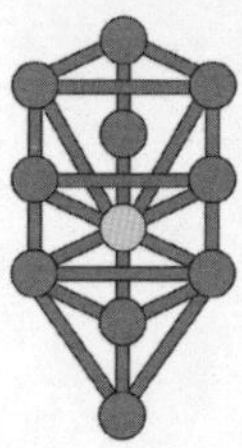

Árvore da Vida: Tiphareth pela Terra
Corresponde ao aspecto mais equilibrado do mundo material, ao sucesso em sua plenitude. A rosa-cruz está aqui novamente ao centro, a flor desabrochada. É uma figura de extrema plasticidade. Seis discos azulados contêm símbolos de planetas, tendo ao fundo um imponente hexagrama e, mais ao fundo, discos maiores, em azul escuro e vermelho-terra. É o estabelecimento da matéria.

Luz
Superação, generosidade, nobreza, riqueza.

Sombra
Falso orgulho, arrogância, pouco caso.

Astrologia
Lua no segundo decanato de Touro.

Vida Profissional
Isto vale para todos os Arcanos Menores de seis: ótimo emprego, carreira profícua. Pessoa que ama o trabalho e trabalha com o que ama.

Vida Afetiva
Influência e poder que emanam do casal e da família. Dinheiro antigo.

Vida Espiritual e Intelectual
Depois do teste da Terra, o corpo manda mensagens que você entende, porque é o seu corpo.

Amizades
Pessoas bem-sucedidas e ocupadas.

Pergunta
Você se permite viver em prosperidade?

Magia
Todos os Arcanos Menores de seis são adequados para magia de prosperidade e de amor.

Sugestão
Não tenha medo de suas ambições.

Missão
Lucrar.

7 – Sete

Estes arcanos estão ligados a **Netzach**, uma *sephirah* fora do pilar do meio e sem acesso à luz de Kether, tornando-a assim naturalmente desequilibrada, bem como acontece com Geburah. O Sete de Paus é o único Arcano Menor de número 7 que concentra aspectos auspiciosos.

Sete de Paus – Valor (O Senhor do Valor)

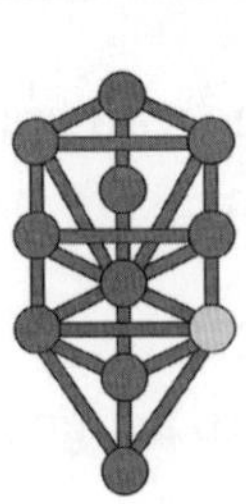

Árvore da Vida: Netzach pelo Fogo
De estrutura bastante semelhante ao Cinco de Paus, vemos aqui os mesmos bastões que aparecem desde o quinto arcano, na forma como estão no sexto, porém neste caso há uma barra incandescente, torta mas ígnea, representando uma batalha ainda a ser enfrentada.

A segurança quanto ao próprio valor garante uma vitória moral, mesmo que não saia vencedor.

Luz
Coragem, confronto, renascimento. Ganha mesmo perdendo.

Sombra
Oposição, confronto, revés. Perde mesmo ganhando.

Astrologia
Marte no terceiro decanato de Leão.

Vida Profissional
O chamado trabalho duro, trabalho suado. Influência sobre subordinados. Indivíduo que resolve problema coletivo.

Vida Afetiva
Mudança no ar. Situação de enfrentamento de inconveniência em nome de um bem maior.

Vida Espiritual e Intelectual
O conceito de individualidade dentro de um mundo dividido em micro e macrocomunidades.

Amizades
Uma pessoa toma as dores de outra, defendendo-a de um grupo maior.

Pergunta
Você está pronto para aceitar as consequências de suas escolhas?

Magia
Arcano útil para trabalhos relacionados ao enfrentamento de multidões.

Sugestão
Cultive sua individualidade.

Missão
Prevalecer a qualquer preço.

Sete de Copas – Degeneração (O Senhor do Sucesso Ilusório)

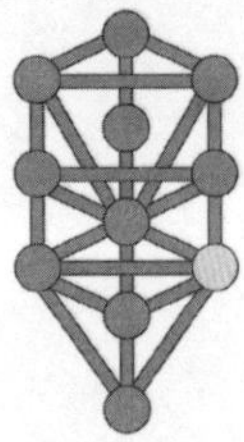

Árvore da Vida: Tiphareth pela Água

O esforço de incrementar o prazer (perfeito) do Seis de Copas aqui se degenera em corrupção, autoindulgência, vícios, maus hábitos. No lugar do mar, um pântano. As flores estão murchas e gotejam um líquido viscoso que parece veneno. A busca da satisfação sensorial assume o comando, deixando todo o resto para trás.

A única atitude positiva ao se vivenciar este arcano é manter a sobriedade. Qualquer tipo de fuga da realidade pode ser fatal. Não é o momento de se permitir sonhar, do contrário a realidade se transformará em um pesadelo.

Luz

Sobriedade, moderação, cair na real. Percepção do que é enganoso antes que haja maiores danos.

Sombra

Vício, violência, vaidade. Autoengano.

Astrologia

Vênus no terceiro decanato de Escorpião.

Vida Profissional

Atividades profissionais em que se lida com substâncias tóxicas. Ambiente tóxico. Insalubridade. Tem que ter contrato assinado.

Vida Afetiva

Não é uma vivência fácil. Indica questões com drogas (legais ou ilegais), problemas psiquiátricos, mas tudo gira em torno de uma pessoa que se recusa a enxergar a realidade.

Vida Espiritual e Intelectual

Em termos de estudo acadêmico, este arcano indica alguma falsa esperança. Em termos espirituais, alerta: a pessoa está se deixando levar por uma mentira.

Amizades

Ser amigo não é suportar comportamentos tóxicos. Se você precisa estar bêbado para relaxar com os amigos, algo não está bem.

Pergunta

Os acordos foram assinados?

Magia

Este arcano pode ser usado em feitiçaria de envenenamento.

Sugestão

Faça tudo com jeito de negócios. Evite acordos verbais.

Missão

Expurgar o veneno que tomou conta do seu corpo e das suas emoções.

Sete de Espadas – Futilidade (O Senhor do Esforço Instável)

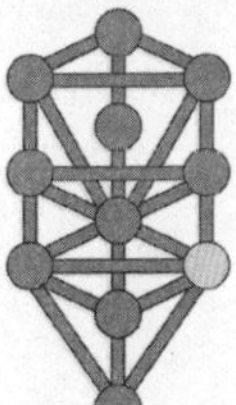

Árvore da Vida: Netzach pelo Ar

A concentração da mente na beleza estética de Netzach traz o deslumbramento da futilidade, das conversas jogadas fora, das pessoas vazias com quem nos relacionamos mais por hábito do que por gosto. Este arcano simboliza os detalhes que comprometem e atrapalham o todo. Não é hora de amenidades, é preciso muita concentração e maturidade.

O menor domina o maior. Confidências viram fofoca. A vacilação impera sobre o impulso de fazer. Quem não faz as coisas deliberada e intencionalmente não está seguindo a sua própria vontade, mas sim a vontade alheia — da família, da religião, da sociedade, ou seja, de todas essas coisas que não são você e não te definem.

Luz

Desmascaramento, esclarecimento, astúcia. A verdade sobressai.

Sombra

Autocomiseração, engano, amoralidade. A verdade que trai.

Astrologia

Lua no terceiro decanato de Aquário.

Vida Profissional

Ambiente profissional que requer etiqueta e diplomacia. Trabalho que envolve veleidades e vaidades. Colegas de trabalho traiçoeiros.

Vida Afetiva

Relacionamentos insinceros, superficiais, por interesse ou conveniência. A verdadeira família não é uma questão de sangue.

Vida Espiritual e Intelectual

Este é o momento em que o estudante do oculto se perde em meio a falsos enigmas e polêmicas vazias. Preguiça de pesquisar e de pensar.

Amizades

Pessoas de personalidade superficial e limitada que, além de não acrescentar, ainda atrapalham. Gente que fala demais.

Pergunta

Você tem medo da verdade?

Magia

Arcano sem aplicação prática em trabalhos mágicos. Poderia servir como representação do fraco dominando o forte, mas no Novo Éon a Lei de Thelema é a lei do forte.

Sugestão

Procure aprender um idioma.

Missão

Manter o nível alto.

Sete de Ouros – Falência (O Senhor do Sucesso Incompleto)

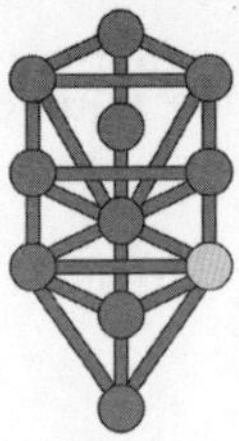

Árvore da Vida: Netzach pela Terra

O desenho da carta é explicitamente soturno, indicando a falta de base material, a falência, a perda. Convida a uma reflexão quanto à dualidade amor-matéria, já que a venusiana Netzach termina desandando em seu encontro com a matéria. Não é momento de arriscar. Fique apenas com o que é certo e garantido, e mesmo assim não tenha tanta certeza de nada. A hora é de cautela e observação.

Compromisso não cumprido, breve sucesso inicial seguido de fragoroso fracasso.

Luz

Resignação, calma, espera. A paciência é sua melhor virtude.

Sombra

Desconforto, decepção, mau investimento. A ansiedade existe, mas se deixar levar por ela agora é se entregar ao precipício.

Astrologia

Saturno no terceiro decanato de Touro.

Vida Profissional

Prejuízo, demissão, bancarrota, falência.

Vida Afetiva

Problemas materiais, e de saúde, bloqueiam o fluxo afetivo ao aprisionar o pensamento.

Vida Espiritual e Intelectual

Reprovação, nota baixa. Rejeição. Ensinamento duro.

Amizades

Uma pessoa com sérios problemas financeiros.

Pergunta

Como está sua saúde?

Magia

O único tipo de feitiçaria que se faz com a egrégora deste arcano é aquele que suja a mão da feiticeira.

Sugestão

Reconheça o fracasso e planeje seu retorno.

Missão

Aguentar. As privações são temporárias.

8 – Oito

Hod representa a mente racional que se amplia pelo fogo do espírito. São arcanos de expansão e glória, com seus arquétipos majestosos e simbolicamente femininos, passivos. Hod significa "esplendor".

Oito de Paus – Velocidade (O Senhor da Rapidez)

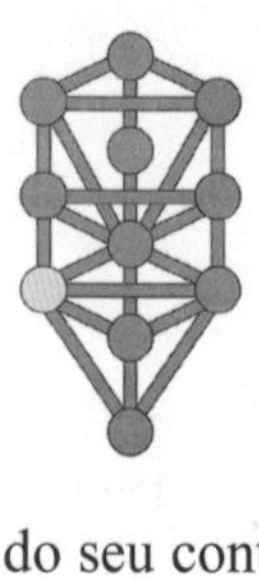

Árvore da Vida: Hod pelo Fogo

A capacidade mental de Hod é aqui amplificada. As ideias são transmitidas prontamente. Expressão e comunicação alcançam todos os polos. Agilidade. O arco-íris reafirma a importância de transmitir com clareza o que se pensa. Mas cuidado para não enviar o e-mail antes de ter certeza do seu conteúdo; atenção para não falar a primeira coisa que lhe vier à cabeça em um encontro ou reunião. Agilidade na resposta não significa respostas insensatas.

Há um excesso de força aplicada sem o devido controle. O conceito de velocidade representado neste arcano prevalece agora na sociedade on-line internacional do século 21.

Luz

Progresso, comunicação, desenvolvimento. Internet.

Sombra

Desconsideração, agressividade, ciúme. Offline.

Astrologia

Mercúrio no primeiro decanato de Sagitário.

Vida Profissional

Quase qualquer profissão tem sua representação na internet hoje em dia, mas, neste caso, sugerem-se atividades profissionais relacionadas profundamente à internet em si. Também vale para outros meios de comunicação mais antigos, como rádio.

Vida Afetiva

Plena comunicação é a base de relacionamentos de afeto e respeito. Franqueza demais pode ser estranha, uma surpresa, mas é melhor do que mentira.

Vida Espiritual e Intelectual

Momento "eureca", quando se dá a compreensão de algo relevante. Momento de tomar partido em situação que lhe envolve indiretamente.

Amizades

Amigos que servem de mensageiros. Amizades internacionais. Amizades virtuais.

Pergunta

Qual mensagem você deseja transmitir?

Magia
Este arcano é bem aplicado em trabalhos com intenção de facilitar uma conversação.

Sugestão
Saiba o que diz.

Missão
Comunicar-se totalmente.

Oito de Copas – Indolência (O Senhor do Sucesso Abandonado)

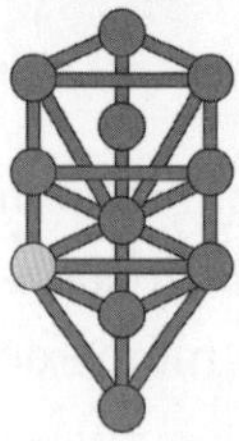

Árvore da Vida: Hod pela Água
Copos quebrados, poças de lama, céu carregado, flores murchas — este é o resultado da devastação resultante da degeneração do Sete de Copas. O êxito ficou para trás, a pessoa se entregou aos maus hábitos e encontra aqui a esterilidade como coroa do reinado podre que construiu. No entanto, é uma boa oportunidade para se reinventar. Se é inevitável a descontinuidade, que ela não seja aplicada no que sabemos que tem futuro. Em outras palavras: não aceite nada medíocre.

Luz
Transformação, sucesso temporário, desapego. Abandono de relação tóxica.

Sombra
Depressão, autodestruição, descontinuidade. Apego a relação infeliz.

Astrologia
Saturno no primeiro decanato de Peixes.

Vida Profissional
Tempos de incerteza profissional, e uma atitude preguiçosa e derrotista não ajuda em nada.

Vida Afetiva

O momento não é amoroso, pelo contrário, é solitário. Tendência a rompimento.

Vida Espiritual e Intelectual

Seu descontrole emocional lhe impede de alcançar voos maiores em termos tanto intelectuais quanto espirituais.

Amizades

Os amigos estão longe e não podem te ajudar.

Pergunta

O que você sente necessidade de extirpar de sua vida?

Magia

Arcano útil para trabalhos de rompimento.

Sugestão

Demostre suas emoções, mas não espere retorno.

Missão

Aprender a perder.

Oito de Espadas – Interferência (O Senhor da Força Encurtada)

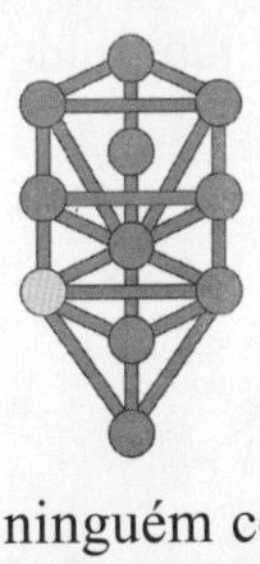

Árvore da Vida: Hod pelo Ar

A imagem contém várias espadas, sabres, punhais e outras armas brancas oriundas de diferentes culturas como símbolos de comunicação e intelecto. As armas formam uma Torre de Babel, onde se falam várias línguas, mas ninguém consegue se comunicar. Assombra a égide deste princípio o pendor a análises extremadas e dúvidas excessivas que levam a pessoa a andar em círculos.

Não é ocasião para questionar demais, e não vai adiantar nada tentar bancar o herói. Forçar a barra é besteira. O momento é de observação e modéstia. Procure sintonizar as camadas do seu eu mais profundo e aceite o ruído interno — só assim ele se calará em algum momento.

Luz

Análise, raciocínio, aceitação dos fatos e dos limites.

Sombra

Questionamento sem fim, confusão. Falta de persistência.

Astrologia

Júpiter no primeiro decanato de Gêmeos.

Vida Profissional

Tenha uma postura objetiva e você conseguirá resultados melhores no âmbito profissional.

Vida Afetiva

Não acredite em nada que lhe dizem. Uma fofoca pode até relatar um fato, mas é preciso contexto para entender a situação. Procure não dar margem a ambiguidades.

Vida Espiritual e Intelectual

Tem muito ruído na sua mente agora, e isto se reflete na dificuldade de pensar e sentir. Não tome decisões nem tire conclusões precipitadas.

Amizades

Seja assertivo com seus amigos. Você pode pensar que está comunicando suas ideias claramente, mas não está.

Pergunta

O que lhe causa tensão e por quê?

Magia

A função deste arcano é jogar uma nuvem de fumaça, logo serve para feitiçaria para causar confusão e apagamento.

Sugestão

Preste atenção em como o princípio de causa e efeito se manifesta em sua vida.

Missão

Superar o ruído, esclarecer.

Oito de Ouros – Prudência (O Senhor da Prudência)

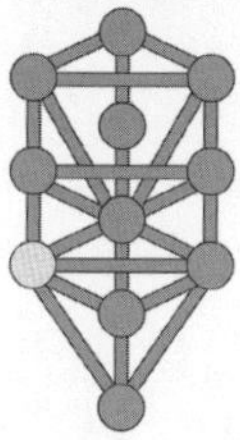

Árvore da Vida: Hod pela Terra

Há uma árvore cujas flores são oito discos dispostos conforme a figura geomântica Populus, indicando não só planejamento e prosperidade, mas também a necessidade de cautela nos atos. Racionalidade, bom-senso e lógica são indispensáveis neste momento. O Sol em Virgem não aconselha arroubos de ousadia irrefletida, e sim um bem estruturado planejamento.

Cuidado excessivo com detalhes ao mesmo tempo que faz vista grossa para questões evidentes.

Luz

Observação, programação, previsão. Pequena soma de dinheiro.

Sombra

Estagnação, imobilidade, prostração. Pouco dinheiro.

Astrologia

Sol no primeiro decanato de Virgem.

Vida Profissional

Atividades repetitivas, sistemáticas, que requerem muita meticulosidade.

Vida Afetiva

É preciso pensar não apenas por si, mas também pela família toda ou pelo cônjuge. A tendência é manter a estabilidade, apesar dos receios.

Vida Espiritual e Intelectual

Todo estudante já experiente, seja acadêmico ou ocultista, sabe que com o tempo se aprende o valor de dar tempo ao tempo. A paciência e a prudência vêm da experiência real.

Amizades

Amigos passando por desafios financeiros ou de saúde.

Pergunta

Você se preocupa com proteção?

Magia

Arcano bom para trabalhos de prevenção.

Sugestão

Confie nos ciclos naturais.

Missão

Exercer uma atitude de prudência.

9 – Nove

Os Noves representam a esfera de **Yesod**, o filtro de todas as outras *sephiroth* para Malkuth, o reino terrestre. Todos os estados psíquicos não conscientes residem aqui, pois esta é a fundação que suporta e traduz todas as outras para nosso mundo material.

Nove de Paus – Força (O Senhor da Grande Força)

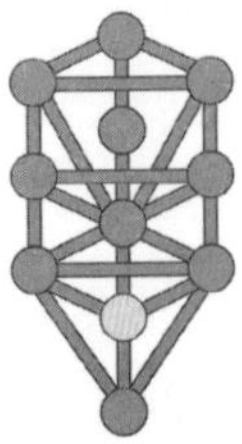

Árvore da Vida: Yesod pelo Fogo

Oito bastões cruzados são as flechas de Diana. Um bastão maior cruza com eles; ele tem o Sol em uma extremidade e a Lua na outra, indicando equilíbrio de polaridades. Ao fundo, dois pentagramas, um positivo e outro negativo, endossam a ideia de contradição e complementação. Este arcano representa o inconsciente que conduz ao conhecimento de si mesmo. Ninguém é inteiramente coerente o tempo todo, mas isto não é desculpa para deliberadamente se acomodar com contradições.

Símbolo de força inabalável, constante. Energia veloz.

Luz

Verdade espiritual, vitória, sucesso conquistado com esforço. Comunicação rápida.

Sombra

Contradição, incoerência, crise. Mal-entendido.

Astrologia

Lua no segundo decanato de Sagitário.

Vida Profissional

Situação de sucesso e reconhecimento após chegar ao limite do esgotamento, da paciência e da dedicação.

Vida Afetiva

Relacionamentos vigorosos, cheios de magnetismo, entre pessoas diferentes mas complementares e compatíveis. Aparência é muito importante.

Vida Espiritual e Intelectual

Momento de aprendizado especial que, em geral, ocorre depois de algum tempo de estudo e prática.

Amizades

Pessoa que transmite entusiasmo e interesse de forma não invasiva.

Pergunta

Você teme ultrapassar os limites impostos por lei ou cultura?

Magia

Esta carta funciona bem em trabalhos de magia voltados para uma comunidade ou qualquer outro grupo de pessoas.

Sugestão

Sinta-se merecedor(a) do que tem.

Missão

Expandir.

Nove de Copas – Felicidade (O Senhor da Felicidade Material)

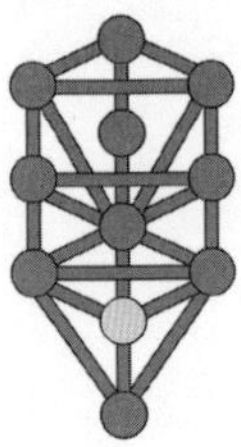

Árvore da Vida: Yesod pela Água

Este é o retrato da felicidade abundante. Tem muita água jorrando, mas o arranjo é perfeitamente equilibrado e não há inundação. O mar abaixo é tranquilo e belo, não há nada a temer. Esta é a concretização dos sentimentos mais belos. É o néctar dos deuses.

Luz

Amor, otimismo, verdade. Sorte.

Sombra

Vaidade, futilidade, autoindulgência.

Astrologia

Júpiter no segundo decanato de Peixes.

Vida Profissional

Golpe de sorte que ajuda a impulsionar uma carreira. Reconhecimento do talento e dos méritos.

Vida Afetiva

Este é um dos melhores cenários possíveis para relacionamentos de amor e de família.

Vida Espiritual e Intelectual

Amor ao conhecimento, mas perigo de distorção desse conhecimento por causa de vaidade.

Amizades

Relacionamentos firmes e longevos de grande afeto e carinho.

Pergunta

O que te faz feliz?

Magia

Arcano útil para trabalhos de amor.

Sugestão

Não alimente sua vaidade.

Missão

Realizar em harmonia.

Nove de Espadas – Crueldade (O Senhor do Desespero e da Crueldade)

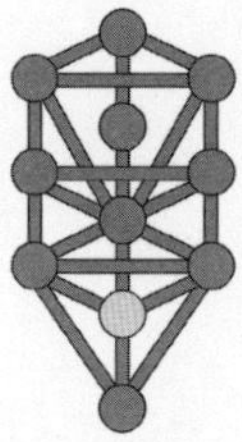

Árvore da Vida: Yesod pelo Ar

Esta é a carta do sadomasoquista, aquela que desvela os piores mecanismos da mente para torturar e ser torturado. Mostra a falência da mente, as sombras e os terrores do mundo onírico que perseguem, perturbam e prejudicam a vida prática. Nove espadas vermelhas pingam sangue, o corte interno promovido pela lâmina da mente e dos padrões de conduta deteriorados. O melhor que se pode fazer agora é aceitar a chamada para despertar e encarar a realidade em sua forma mais crua. É uma experiência desagradável, mas imprescindível: adiá-la não é boa ideia, ainda que seja possível.

A arte de Frieda Harris é contundente. A atmosfera de crueldade, dor e violência é evidente. O que extrai sangue de nossa mente é a própria mente[52].

52. Sobre esse tema, recomendo *O livro das mentiras*, de Crowley.

Luz

Choque de realidade, balde de água fria. Reconhecimento de comportamento doentio que possibilita o início da cura.

Sombra

Dor, desespero, desumanidade. Comportamento doentio não reconhecido.

Astrologia

Marte no segundo decanato de Gêmeos.

Vida Profissional

Algo está afetando gravemente seu desempenho no trabalho, e é uma criação da sua mente, pensamentos intrusivos que lhe roubam o foco. É preciso encarar a batalha pelo controle da sua mente.

Vida Afetiva

Relacionamentos estabelecidos a partir de padrões tóxicos.

Vida Espiritual e Intelectual

Complexo de culpa, síndrome de impostor, autossabotagem.

Amizades

Relacionamentos tóxicos.

Pergunta

Qual é seu maior medo?

Magia

Arcano útil para trabalhos sinistros de ataque.

Sugestão

Não tome nenhuma iniciativa.

Missão

Descobrir no sofrimento uma porta de saída.

Nove de Ouros – Ganho (O Senhor do Ganho Material)

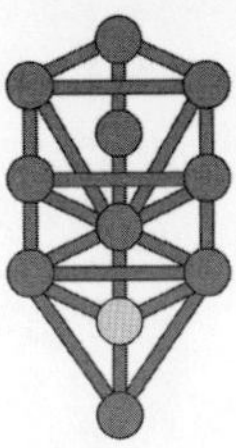

Árvore da Vida: Yesod pela Terra

Exibindo uma estrutura semelhante à do Seis de Ouros, mas expandida, há um trio de pessoas, em cima e embaixo. Estes são o próprio Crowley (discos de Saturno e Júpiter); Frieda Harris (discos de Lua e Vênus) e Israel Regardie (os de Marte e Mercúrio). Os discos representam a harmonia da colaboração e o equilíbrio das egrégoras.

O caminho para a conquista — o próximo passo é a consecução plena do objetivo, que se dá no Dez de Ouros.

Luz

Riqueza, bem-estar, conquista material. Plenitude.

Sombra

Ganância, exploração, abuso.

Astrologia

Vênus no segundo decanato de Virgem.

Vida Profissional

Grande sucesso em qualquer empreendimento.

Vida Afetiva

História de amor que começa como parceria profissional.

Vida Espiritual e Intelectual

O reconhecimento de sua inteligência, seus esforços e sua persistência.

Amizades

Aproximação de colegas de trabalho ou início de parceria profissional com alguém que antes disso já era amigo.

Pergunta

Aonde você quer chegar?

Magia

Arcano útil para trabalhos de prosperidade.

Sugestão

Trabalhe com o que ama.

Missão

Administrar com excelência.

❋ 10 – Dez ❋

Os Dez representam **Malkuth**, o reino da concretização, a materialização final de cada pensamento, sentimento, raciocínio e ato. É o mundo material. Tudo é palpável.

Dez de Paus – Opressão (O Senhor da Opressão)

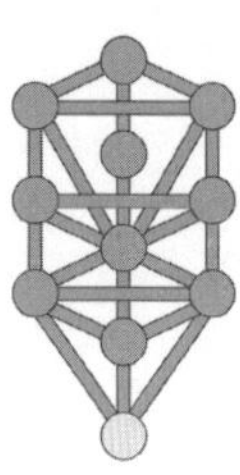

Árvore da Vida: Malkuth pelo Fogo

Como materializar o espírito sem oprimi-lo? Este arcano é o retrato do ser humano, uma alma presa em um corpo, a gaiola da carne. O fogo espiritual manifesto em Malkuth sempre vai deixar algo em aberto, incompleto, levando à infinita opressão. Há uma barreira, um limite intransponível. Certos portais da alma são fechados à demonstração material.

Luz

Aprendizado, meio-termo, reflexão. Moderação perante as limitações intransponíveis.

Sombra

Dogmatismo, impiedade, pressão extrema. Má-fé, colonização, embuste.

Astrologia

Saturno no terceiro decanato de Sagitário.

Vida Profissional

Situação sufocante, relacionamento ruim com colegas ou parceiros de trabalho.

Vida Afetiva

Muita coisa mal resolvida entre pessoas que se amam, mas também se fizeram mal mutuamente.

Vida Espiritual e Intelectual

Sensação de bloqueio insuperável. Dificuldade de expressar algo muito relevante.

Amizades

Uma pessoa amiga pode fazer a ponte entre você e a raiz do seu bloqueio e opressão.

Pergunta

Você faz o que quer?

Magia

Arcano útil para trabalhos sinistros, pragas e vinganças.

Sugestão

Observe o comportamento dos opressores e procure a parte da sua personalidade que o reproduz.

Missão

Radicalizar no direito de ser quem é.

Dez de Copas – Saciedade (O Senhor do Sucesso Perfeito)

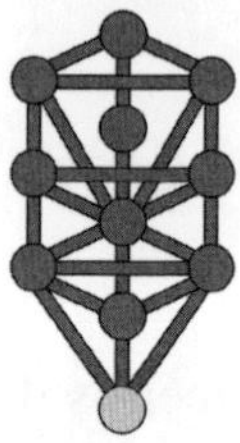

Árvore da Vida: Malkuth pela Água

Tudo está tão bem que, se melhorar, estraga. Mas a regra da Natureza é mudança, e nenhum amor está imune a isso. Este é o casal que se transforma em irmãos ou amigos. Existe amor, mas a chama apagou, a satisfação está completa. Existe uma definição afetiva que impede a busca de novos horizontes e fecha um ciclo. Há o fluxo d'água, porém a aura se concentra na Tríade Suprema, Kether-Chokmah-Binah, simbolizando a elevação do sentimento através de sua materialização final e sua consequente desconexão com os elementos românticos, a despeito da longevidade da relação e do sentimento.

Luz

Otimismo, gentileza, magnanimidade. Amor realizado.

Sombra

Sentimentalismo, aborrecimento, perversidade. Amor esgotado.

Astrologia

Marte no terceiro decanato de Peixes.

Vida Profissional

Fim de ciclo feliz. Aposentadoria voluntária.

Vida Afetiva

Comemoração, confiança, estabilidade mesmo na mudança.

Vida Espiritual e Intelectual

Satisfação, resultados, reconhecimento.

Amizades

Pessoas que são tão ou mais próximas quanto pessoas da família.

Pergunta
Você quer fazer as pazes com alguém?

Magia
Arcano útil para trabalhos de amor longevo.

Sugestão
Prepare-se para mudar ou decair.

Missão
Manter o fluxo.

Dez de Espadas – Ruína (O Senhor da Ruína)

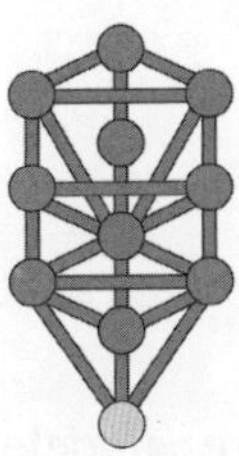

Árvore da Vida: Malkuth pelo Ar

É a exposição da eterna contradição da mente, quando a mente concretiza e realiza a sua capacidade de ponderar, questionar, andar em círculos como um hamster em uma rodinha. A Árvore é retratada como uma trama de espadas, a trama traiçoeira da mente, em uma carta de tonalidade vermelha — a inflamação do raciocínio. Renascer é a opção para não morrer.

Luz
Transformação, renascimento, fim de ciclo. Ponto final.

Sombra
Ruína, catástrofe, separação. Arrependimento.

Astrologia
Sol no terceiro decanato de Gêmeos.

Vida Profissional
Crise intensa, ainda que não evidente.

Vida Afetiva

Não tem como dar certo. Tudo errado.

Vida Espiritual e Intelectual

Aprendizado severo que envolve quedas e ferimentos. Não passar por isso não é uma opção.

Amizades

Decepção, apesar de que os motivos eram evidentes o tempo todo.

Pergunta

O que você é capaz de fazer para ter liberdade?

Magia

Arcano evidentemente útil somente para feitiçaria e trabalhos de destruição.

Sugestão

Cumpra sua pena, faça seu mea culpa.

Missão

Enfrentar um período de prisão (não necessariamente carcerária) e sair dele.

Dez de Ouros – Riqueza (O Senhor da Riqueza)

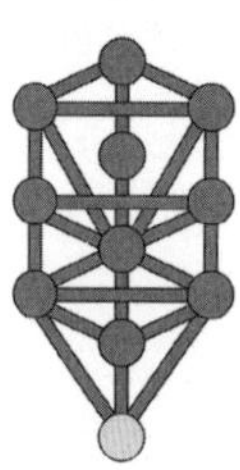

Árvore da Vida: Malkuth pela Terra

Uma Árvore da Vida constituída de moedas representa o cumprimento da missão de explorar a matéria e reproduzi-la ao máximo. A moeda equivalente à posição de Malkuth é a maior, enfatizando o domínio da carta. Vários símbolos de Mercúrio se espalham pelas moedas, exceto a de Hod (que exibe um símbolo solar), a de Tiphareth (que traz escrito o nome Rafael, arcanjo desta *sephiroth*) e a maior (que traz as três letras-mães, Shin, Aleph e Mem). As 10 moedas principais são de ouro brilhante, mas ao fundo uma chuva de moedas acinzentadas e desbotadas sugere a fugacidade do mundo material.

Luz

Missão cumprida, segurança financeira.

Sombra

Preguiça, superficialidade, cobiça.

Astrologia

Mercúrio no terceiro decanato de Virgem.

Vida Profissional

Grande sucesso, domínio, império, referência no ramo. Como não há como chegar mais alto, alguma queda é certa, mas não o fracasso.

Vida Afetiva

Prosperidade facilitando a vida amorosa e familiar.

Vida Espiritual e Intelectual

Conquista de conhecimento teórico e prático.

Amizades

Pessoas bem-sucedidas, em ascensão social, mas sinceras.

Pergunta

Qual legado você quer deixar?

Magia

Arcano útil para trabalhos de fortuna.

Sugestão

Sonhe alto e longe.

Missão

Manter seu império.

PARTE V

Sugestões e Exemplos de Tiragem

Agora vamos conhecer alguns métodos de leitura do tarô. Depois que dominar estes fundamentais, você poderá fazer adaptações que talvez creia serem necessárias ou até criar seus próprios métodos. O caminho da magia é um campo para exploradores, não para dogmáticos.

É comum o estudante usar bastante o tarô no início, primeiramente por curiosidade, depois para estudar e, depois, para treinar. Daí se começa a utilizar as cartas para desenvolvimento, até que se alcança o ponto de largar o baralho e manuseá-lo apenas em caso de real necessidade. A longa experiência, com comprovação de eficácia, acaba levando ao uso mais parcimonioso do oráculo.

É recomendável praticar alguma forma de concentração antes de consultar o tarô. O objetivo é relaxar e clarear a mente para que não haja interferência na sintonia entre o consulente e as cartas. Um ritual recomendado por sua ligação com a egrégora do Tarô de Thoth é o Ritual Menor do Pentagrama, que reproduzo a seguir.

Ritual Menor do Pentagrama

Este ritual tem sua origem na ordem iniciática Golden Dawn e é o primeiro a ser ensinado a neófitos de toda ordem iniciática thelêmica.

A Cruz Cabalística

- Toque a testa com os dedos indicador e anular. Diga **ATEH** (A Ti).
- Toque os genitais e diga **MALKUTH** (O Reino).
- Toque o ombro direito e diga **VE-GEBURAH** (E o Poder).
- Toque o ombro esquerdo e diga **VE-GEDULAH** (E a Glória).
- Entrelace os dedos das mãos sobre o peito e diga **LE-OLAHN--AMEN** (Para Todo Sempre, Amém).

Ao tocar a testa e em seguida o peito, visualize uma luz (da cor que quiser) que constitui um traçado emanado dos seus dedos, formando a parte vertical da cruz. Ao traçar do ombro direito ao esquerdo, visualize a mesma luz compondo a parte horizontal da cruz. Ao cruzar as mãos sobre o peito, visualize uma rosa se abrindo no centro.

O Traçado dos Pentagramas

Para **invocar**, chamar a si a força e a proteção, trace o pentagrama partindo da ponta superior única à ponta inferior esquerda, daí para a ponta direita superior e então para a ponta esquerda superior, que, por sua vez, corre para a ponta inferior direita.

Para **banir**, ou seja, purificar-se de quaisquer forças negativas, segue-se o mesmo ritual, modificando apenas o traçado dos pentagramas. Comece a traçar da ponta inferior esquerda até a ponta superior única, daí para a ponta inferior direita, então para a ponta superior esquerda e finalmente para a ponta superior direita.

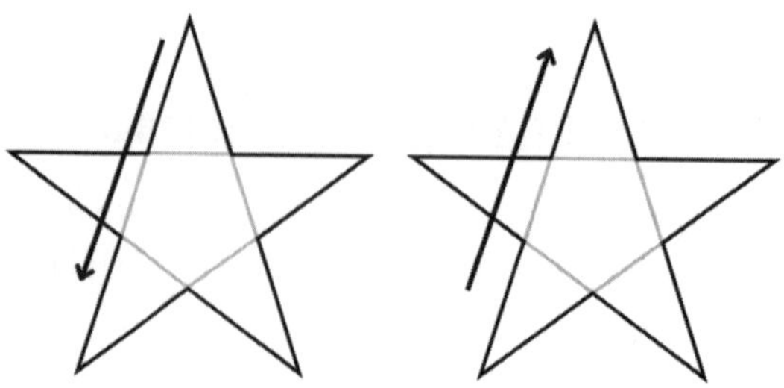

Invocando Banindo

Com os dois dedos ou com a arma mágica escolhida, trace o primeiro pentagrama para o leste ou para o norte, de acordo com sua preferência. Então inspire e espete a arma (ou dedo) no centro dele, dizendo **YE-HO-VAH** (O Eterno).

Então vire-se para o sul, à sua direita (caso você tenha optado começar pelo leste) trace outro pentagrama, inspire, espete a arma e diga **ADONAI** (Meu senhor).

Virando para o oeste, trace o pentagrama, inspire, espete a arma/dedo e diga **EH-HE-YAY**. (Eu Sou O Que Sou)

Após traçar o pentagrama do norte, inspire, espete a arma/dedo e diga **AGLA**. (Tu, Senhor, És Poderoso Para Sempre).

Volte-se novamente para o leste, abra os braços e invoque os arcanjos:

Invocação dos Arcanjos

Abra os braços em forma de cruz e diga:

"À minha frente **RAPHAEL**,
Atrás de mim **GABRIEL**,
À minha direita **MICHAEL**,
À minha esquerda **AURIEL**,

Pois à minha volta flameja o pentagrama, e na coluna do meio está a estrela de seis raios."

É fundamental que tudo que se diz seja visualizado para que se torne *real*. Termine tudo com o Sinal do Silêncio (o dedo indicador esquerdo sob o lábio inferior, como quem pede silêncio).

Pergunta/Resposta

Este método consiste em utilizar uma carta apenas ou uma dos Arcanos Maiores e outra dos Arcanos Menores. Concentre-se e tire uma carta, que responderá à sua pergunta.

Exemplo

Pergunta: Quais chances tenho de passar no concurso?

Arcano: Nove de Paus

Interpretação: O Nove de Paus é indica e sugere sucesso — um sucesso sofrido, após muito esforço, batalha e tensão, o que só aumenta a sensação de missão cumprida. As chances de passar no concurso são enormes. Apenas o livre-arbítrio poderia impedir essa conquista.

Jogo das Três Cartas

Este método divide a resposta em três aspectos: aquilo que você *deve* fazer ou aquilo que *existe* (primeira carta), aquilo que *não deve* ou aquilo que *não existe* (segunda carta) e o *resultado potencial* (terceira carta). Você pode usar os Arcanos Maiores e Menores misturados, e, neste caso, todas as vezes que sair um Arcano Maior, este terá maior envergadura e significado, ressaltando uma questão iniciática fundamental. Os Arcanos Menores representam então as questões mais triviais e cotidianas. Se quiser, pode embaralhá-los separadamente e utilizar três de cada tipo de arcano, totalizando seis cartas: os Maiores se referirão à origem das questões; e os Menores, ao resultado e às manifestações concretas.

Também se pode entender essas três cartas como representantes de *passado, presente e futuro*. Mas isto precisa estar claro antes de fazer a pergunta e embaralhar as cartas.

Exemplo

Pergunta: O que preciso saber sobre meu casamento?

Arcanos: O Imperador (o que existe); Seis de Ouros (o que não existe); O Hierofante (resultado).

Interpretação: O Imperador aponta a existência de uma relação sólida e confiável, um casamento enraizado, fonte de estabilidade, mas também de acomodação e tédio.

O Seis de Ouros aponta o que *não* existe, ou seja, estabilidade e sucesso material (e se inclua sempre a saúde física na categoria material, pois o corpo é matéria, logo sua manutenção é representada sempre pelo naipe de Paus). Assim, é possível que haja problemas financeiros ou de saúde que afetam o casamento.

O Hierofante como resultado sugere que o casamento em questão é uma experiência de aprendizado mútuo em termos espirituais e psicológicos, mas não exatamente uma experiência romântica ou erótica. Se isto for um problema para o consulente, talvez seja o caso de repensar o que ele quer de verdade. Mas, se isto for algo consciente e aceito e se o consulente tiver seus motivos para continuar o casamento nesses moldes, não há nada de indesejável no resultado. Tudo dependerá das expectativas dele.

Jogo dos Elementos

Utilizamos quatro (ou oito, se você separar os Arcanos Maiores e Menores) cartas, cada uma simbolizando um aspecto da pergunta em questão ou do seu momento atual, caso seja uma consulta sem pergunta específica. Esses aspectos são definidos pelos elementos e seus papéis: espiritual, emocional, intelectual ou material.

Exemplo

Pergunta: O que me reserva este mês?

Arcanos: Rainha de Paus (Fogo); Rainha de Espadas (Água); Cinco de Copas; Cavaleiro de Paus (Terra).

Interpretação: A Rainha de Paus pode ser divina em termos espirituais, mas é inegável sua intolerância e pretensão de dona da verdade. A Rainha de Espadas é experiente, honrada, destemida, apaixonada e vigorosa. O consulente tende a crescer espiritualmente nesse período de trinta dias.

A Rainha de Espadas se destaca por sair justo ao lado de outra rainha, o que sugere disputa por controle. Ainda bem que a Rainha de Paus está ganhando. Não que a de Espadas seja uma malvada convicta. Ela está apenas mal localizada em uma casa de Água, ou seja, uma casa de sentimento, onde ela representa inacessibilidade. A pessoa pode se sentir emocionalmente isolada por algum motivo, e é recomendável manter uma atitude de mais frieza para não se vulnerabilizar. Não é momento de sentimentalismo nem de ser passional.

Na casa de Ar — do pensamento, das ideias, da inteligência —, temos o Cinco de Copas, que nunca é um arcano dos mais bem-vindos. Contudo, como representa o momento de sobriedade que se segue à assimilação da realidade, indica que o consulente está voltando sua mente para uma busca por disciplina e organização e procurando deixar de lado dramas inúteis. Se o consulente não estiver seguindo esse caminho, é bom que mude de atitude o quanto antes, pois esta é a segunda carta que condena atitudes piegas e vitimização.

Por fim, temos o Cavaleiro de Paus na casa da Terra. O elemento Fogo insere um ardor espiritual nas questões materiais, ensinando que a matéria é o instrumento do espírito, portanto também pode e deve ser tratada e usada de um ponto de vista espiritual. Esta é a base do conceito de ética. Evitando a intolerância e a inflexibilidade — defeitos desse arcano —, o consulente deve ter força de vontade e paixão para lidar com trabalho, saúde, dinheiro e lei. O arcano não sugere riqueza, mas pobreza menos ainda. Não obstante, o foco aqui é mais a honra, a realização e a expansão espiritual do que qualquer manifestação da matéria em si mesma.

Jogo do Pentagrama

Esta tiragem, como a anterior, requer uma pergunta definida, e o elemento central, o Éter, funciona como síntese dos quatro e da resposta final.

Também pode ser usada com a seguinte ordem de significados: 1ª carta, situação presente; 2ª carta, o que não existe no presente; 3ª carta, desenvolvimento; 4ª carta, resultado; e 5ª carta, conselho.

Exemplo

Pergunta: É recomendável mudar este ano do atual apartamento para outro na mesma cidade?

Arcano: Ás de Ouros (o que existe no presente), A Imperatriz (o que não existe), Cavaleiro de Espadas (desenvolvimento), O Eremita (resultado) e Princesa de Copas (conselho).

Interpretação: O Ás de Ouros representando a situação presente sugere um começo ou recomeço, algo novo — o que se encaixa com a ideia de uma nova moradia.

A Imperatriz simboliza conforto, preguiça e alegria e se encontra na segunda casa, que representa o que não existe. Conclusão: essas coisas estão em falta nesta leitura. Logo, se uma mudança de residência implica desconforto, aborrecimento e não admite preguiça, podemos concluir que a sintonia pró-mudança continua firme e forte. Na terceira posição, a do desenvolvimento da questão, temos o Cavaleiro de Espadas, que é por si só um símbolo de mudança, já que os Cavaleiros (com a exceção do Cavaleiro de Ouros) estão em movimento. Sendo um símbolo de lógica, indica que a mudança se dará de modo bem planejado.

Na quarta posição, a do resultado, temos O Eremita. A tendência é a pessoa se sentir mais sozinha após esta mudança — pode ser que esteja se mudando para um local isolado, por exemplo. Mas vai depender da pessoa se a solidão servirá para o enriquecimento espiritual e intelectual ou para o cultivo de sentimentos melancólicos. A Princesa de Copas aconselha: desenvolva seu mundo interior, sua criatividade, sua imaginação.

Jogo da Árvore da Vida

É possível fazer esta tiragem com 11 cartas, entre Arcanos Maiores e Menores, ou com 22, misturando 11 Arcanos Maiores e 11 Arcanos Menores, de modo que cada *sephirah* contenha duas cartas.

A primeira *sephirah*, **Kether**, representará a vida espiritual do consulente; a segunda, **Chokmah**, sua personalidade e iniciativas pessoais. A terceira, **Binah**, relaciona-se aos reflexos (consequências) dessa personalidade e dessa iniciativa e ao lado inconsciente, a sombra da personalidade que de certa forma a sustenta.

A quarta, **Chesed**, refere-se a aspectos materiais no sentido de base, sobrevivência, estrutura; já a quinta, **Geburah**, a obstáculos, brigas, adversidade, inimigos. A sexta, **Tiphareth**, reflete a glória, o brilho, o prazer, o reconhecimento, a individualidade, a fama.

A sétima, **Netzach**, especifica o traço das relações amorosas. **Hod** mostra o retrato da mente do indivíduo, enquanto **Yesod** reflete a psique, os sonhos e a saúde e **Malkuth** o resultado de sua jornada, a casa do consulente, o que ele conseguiu.

Daath é aquilo que não pode ser dito com palavras.

A disposição das cartas é a seguinte:

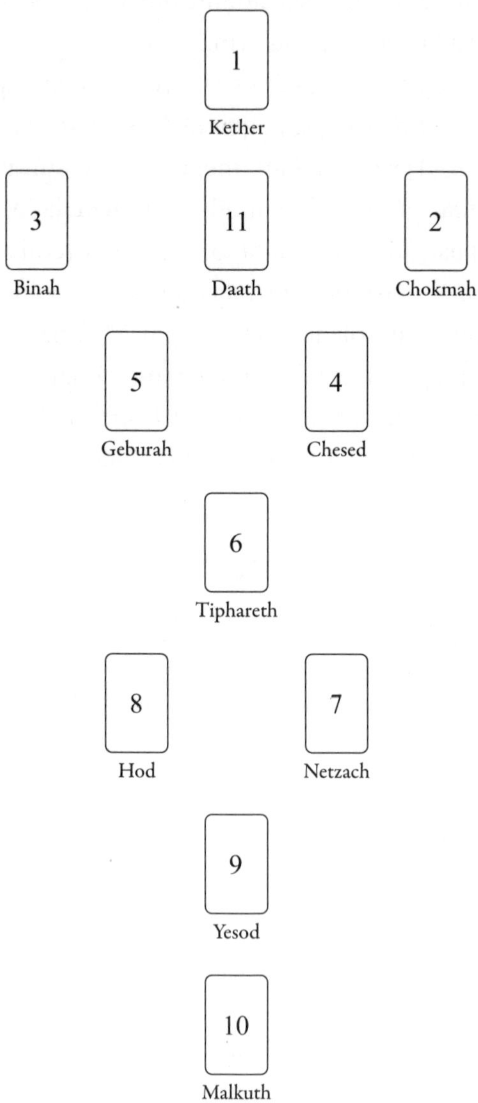

Exemplo

Pergunta: Quais chances tenho de passar no concurso?

Arcanos: Dois de Ouros (Kether), O Éon (Chokmah), Princesa de Paus (Binah), Rainha de Ouros (Chesed), Cavaleiro de Ouros (Geburah), A Imperatriz (Tiphareth), Princesa de Copas (Netzach), Sete de Espadas (Hod), Dois de Copas (Yesod), O Louco (Malkuth), Princesa de Espadas (Daath).

Interpretação: O Dois de Ouros indica que, se o consulente tiver uma atitude flexível e adaptável, sua espiritualidade entrará em uma fase de desenvolvimento, de expansão. Mas, se a atitude for de rigidez e apego, haverá desequilíbrio. O Éon sugere que o consulente tenha uma atitude de renascimento, de transformação, sem medo de querer e buscar uma utopia, pois ela tem grandes chances de se tornar realidade.

A terceira carta, a Princesa de Paus, representa as consequências da iniciativa anterior, ou seja, a de se reinventar — entusiasmo, superação, coragem, brilhantismo, calor e segurança. A quarta carta é a Rainha de Ouros, representante da estrutura material na esfera de Chesed, que abrange justamente os aspectos materiais da existência. A Rainha de Ouros indica fertilidade, estabilidade, frutificação.

O obstáculo aparece na figura do Cavaleiro de Ouros. Devemos então nos atentar para o lado negativo (no sentido de indesejável) do arcano — teimosia, falta de sutileza, grosseria, reducionismo, limitação. Estes são os desafios do consulente no momento, aquilo que deve ser evitado, dosado, controlado.

Os melhores aspectos do jogo, o ponto luminoso, a fonte de reconhecimento, prazer e glória, estão na sexta posição, que aqui está ocupada pelo arcano A Imperatriz. Já é possível perceber o tom geral da leitura: o consulente está em fase de notável crescimento como ser humano. A Imperatriz é símbolo de amor e abundância no ponto de glória da Árvore da Vida. De modo geral, melhor, impossível.

A sétima posição reflete a vida amorosa do consulente. A Princesa de Copas se encaixa bem nela não só porque o naipe de Copas se refere especificamente aos sentimentos, mas também porque a Princesa é muito sensível e terna. Contudo, se encaixar não garante perfeição, pois a Princesa de Copas pode protagonizar memoráveis chantagens emocionais e ser mais egoísta do que demonstra em sua fachada aquosa.

A mente da pessoa é representada nesta leitura pelo Sete de Espadas, sinal inconfundível de uma mente sendo assolada por futilidades e fantasmas ocos de qualquer realidade ou relevância. É um desperdício de cérebro e de raciocínio. Às vezes indica autocomiseração. O lado psicológico e a saúde geral da pessoa se refletem no Dois de Copas, arcano em geral muito feliz e desprovido de problemas. A pessoa está com a criatividade a mil e sonhando muito — mas com intenção de concretizar seus sonhos. Deve apenas evitar qualquer tipo de desperdício ou dissipação.

A décima posição indica o resultado, o ponto de chegada da jornada, o que a pessoa conseguiu. O Louco representa um rompimento com estruturas restritivas. A pessoa consegue se libertar de restrições e se sintonizar com o próprio interior, mas cuidado para não ser infantil nem irresponsável.

Como Daath simboliza aquilo que não pode ser dito com palavras, o arcano que ocupar essa posição representará um segredo ou uma questão muito profunda da pessoa que se consulta e só por ela compreendida. Aqui a Princesa de Espadas aponta um lado cruel, egoísta, destrutivo e um tanto delirante do consulente que deve ser encarado e reconhecido para que não seja inconscientemente reprimido. Isto só fortaleceria esses traços, que acabariam, de qualquer forma, escapando de maneiras imperceptíveis para a própria pessoa, porém muito evidentes para as demais.

Jogo da Golden Dawn

Este jogo funciona muito bem como termômetro. É melhor não fazer pergunta nenhuma, apenas abra as cartas de acordo com a disposição da página a seguir.

As cartas centrais representam a situação presente por meio do consulente, que é representado pela primeira carta, e o retrato de seu momento atual através da segunda e da terceira cartas. O trio de cartas de números 4, 8 e 12 sugere o destino natural da pessoa, aquilo que se desenvolve a partir de uma postura passiva, caso não haja interferência da pessoa pelo livre-arbítrio. Já o trio de números 13, 9 e 5 retrata o que se configura caso o consulente tenha postura ativa no desenrolar dos acontecimentos e use seu livre-arbítrio.

As cartas na parte de baixo, de números 14, 10 e 6, vêm como um aconselhamento, indicando o melhor a ser feito de acordo com as circunstâncias. Finalmente, as três cartas finais, de números 7, 11 e 15, simbolizam o *karma*, ou seja, aquilo que já está em andamento. Pode ser interrompido, mas já está encaminhado. Prevenir é uma coisa, remediar é outra.

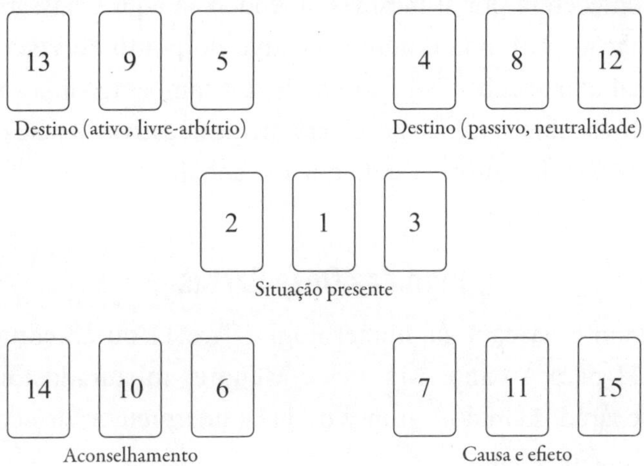

Exemplo

Pergunta: não é feita.

Arcanos: 1, 2, 3 (Sete de Espadas, A Torre, Oito de Espadas); 4, 8, 12 (Seis de Copas, A Lascívia, Dois de Paus); 5, 9, 13 (A Morte, Seis de Ouros, O Eremita); 6, 10, 14 (Cavaleiro de Copas, Cavaleiro de Paus, Rainha de Espadas); 7, 11, 15 (Cinco de Copas, O Éon, Sete de Copas).

Interpretação: Pelo jeito a coisa aqui não está muito boa. O consulente se encontra em situação periclitante. A Torre e o Oito de Espadas confirmam a impressão. A situação tem sido sufocante, preocupante, talvez desesperadora. Mas é o momento de romper com estruturas corroídas, enferrujadas, e abrir espaço para o novo. É momento de cirurgia. Se o consulente deixar a coisa correr naturalmente, a tendência é tudo se ajustar. O Seis de Copas garante o conforto emocional, A Lascívia mostra que a pessoa tende a seguir pelo caminho certo rumo à realização de si mesma, e o Dois de Paus indica coragem e criatividade para aproveitar as oportunidade que se apresentarão.

Por outro lado, se o consulente tiver uma postura mais ativa no próprio destino, isto é, se a pessoa insistir naquilo que não dá retorno de início, se ela tentar várias estratégias e alternativas em vez de esperar as coisas acontecerem por si mesmas, a tendência aqui é passar por uma transformação profunda e muito positiva do ponto de vista pessoal, profissional e financeiro. Isto, porém, leva-a também a uma solidão até então desconhecida, mas não necessariamente negativa — pelo contrário, a tendência é mais construtiva do que melancólica.

Jogo das Onze Cartas

Esta tiragem é baseada na numerologia. Tire 11 ou 22 cartas (como sempre, 11 para Arcanos Maiores e Menores misturados; e 22 para arcanos separados em dois grupos de 11) e interprete-as de acordo com a posição que ocupam.

Neste jogo também não se fazem perguntas, pois cada posição representa uma área da vida da pessoa, fazendo um diagnóstico geral de sua situação presente e do futuro próximo.

Posição 0 — Futuro próximo.

Posição 1 — O consulente, o ego, a situação presente.

Posição 2 — Vida amorosa.

Posição 3 — Comunicação, criatividade, amigos.

Posição 4 — Segurança e/ou obstáculos.

Posição 5 — Mudanças, prazeres e diversões.

Posição 6 — Família, sociedade, diplomacia.

Posição 7 — Estudos, alma, religião, conhecimento.

Posição 8 — Dinheiro, *karma*, leis.

Posição 9 — Resultado, síntese.

Posição 10 — Conselho final.

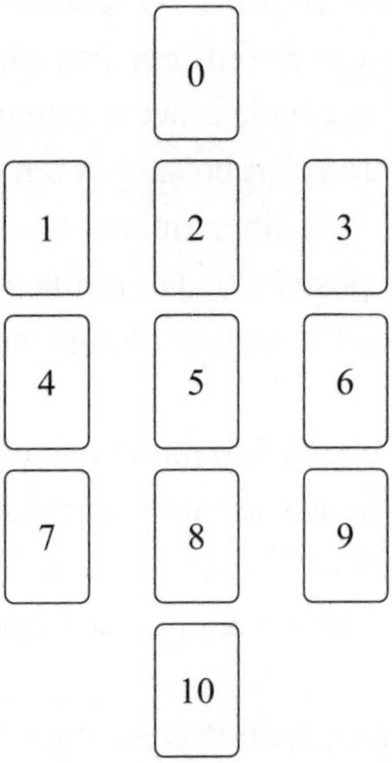

Exemplo

Pergunta: Quais chances tenho de passar no concurso?

Arcanos: Dois de Espadas (futuro próximo); Seis de Paus (consulente); Dez de Ouros (amor); Três de Paus (criatividade); A Lua (obstáculos e segurança); O Pendurado (mudanças e prazeres); Seis de Espadas (família e sociedade); Rainha de Paus (estudos, alma); Princesa de Ouros (dinheiro, leis); Três de Ouros (síntese); Nove de Copas (conselho final).

Interpretação: O futuro próximo será um momento de reflexão vinda de uma situação de isolamento. A pessoa se encontra em momento de grande criatividade e entusiasmo, certa da vitória, plena de autoconfiança. A vida amorosa parece ofuscada por questões profissionais e pessoais, mas não há mágoa nem tristeza nesse processo. A criatividade e a comunicabilidade do consulente estão a pleno vapor, como já foi indicado antes pelo arcano da posição 0.

A posição da segurança e dos obstáculos traz o arcano A Lua, que representa o extremo oposto da segurança. O momento é de insegurança, incerteza, dúvida, questionamento. Mas é uma situação-chave na vida da pessoa, portanto a superação dos terrores representados por esse sinistro arcano é o passe para subir de nível, ou seja, ser iniciado.

O Pendurado na posição 5 confirma: não é hora de perfumarias nem de grandes mudanças. Fique onde está e não tente forçar nada; é inútil e desgastante. Aproveite para ver as coisas por um ponto de vista diferente.

O Seis de Espadas — a melhor emanação do problemático naipe de Espadas — ocupa aqui a posição 6, da família e da sociedade. A pessoa será valorizada por seu sucesso após longo período de estagnação e retrocesso.

A espiritualidade é atributo do número 7, e da sétima posição desta modalidade de leitura. A Rainha de Paus é uma das maiores representações de honra e superação espiritual do baralho de tarô, apesar de seu potencial latente de autoritarismo e intolerância, que deve sempre ser observado e canalizado.

A Princesa de Ouros representa crescimento, produtividade, desenvolvimento, o que se encaixa maravilhosamente bem com a posição da matéria e da justiça.

O Três de Ouros sintetiza a situação: progresso. Mas não nade para morrer na praia, não interrompa o que já começou.

A orientação final do Nove de Copas é inequívoca: tenha compaixão e aproveite a boa sorte. Não ser piegas não significa ser frio.

Bibliografia

Crowley, Aleister. *The Book of Thoth.* (Maine: Samuel Weiser, 1969.)

____. *777 e Other Qabalist Writings*. (Maine: Samuel Weiser, 1973.)

____. *The Book of Lies*. (Maine: Samuel Weiser, 1981.)

____. *The Law is for All.* (Arizona: New Falcon, 1993.)

____. *De Arte Magica.* (Barcelona: Humanitas, 1991.)

____. *Magick in Theory and Practice.* (Nova Jersey: Castle, 1991.)

Almeida, Euclydes Lacerda de. *Cabala, Aspectos do Oculto e Mundos Além Mente.* (*in* Revista Safira Estrela, n°. 1, Rio de Janeiro: Edição do Autor, 1995.)

____. *Algumas Considerações a Respeito do Esoterismo Crowleyano.* (*in* Revista Orion, n°. 2, Rio de Janeiro: Edição do Autor, 1996.)

Fortune, Dion. *A Cabala Mística.* (São Paulo: Pensamento, 1984.)

____. *Magia Aplicada.* (São Paulo: Pensamento, 1983.)

Wasserman, James. *Instructions for Aleister Crowley's Tarot Deck.* (USA: US Games Systems, Inc., 1978.)

Pramad, Veet. *Curso de Tarô.* (Brasil: Edição do Autor, 1992.)

Blanchefort, Jean de. *Guia da Magia.* (São Paulo: Maltese, 1992.)

Lorenz, Francisco V. *Cabala — A Tradição Esotérica do Ocidente.* (São Paulo: Cultrix/Pensamento, 1993.)

Dickerman, Alexandra C. *A Aventura da Autodescoberta.* (São Paulo: Cultrix, 1993.)

Budge, E. A. Wallis. *A Magia Egípcia*. (São Paulo: Cultrix/Pensamento, 1993.)

Cavendish, Richard, org. *Enciclopédia do Sobrenatural*. (Porto Alegre: L & PM, 1993.)

Vários Autores. *Apostila dos Conhecimentos Básicos de Thelema.* (Rio de Janeiro: Ordem Templária dos Cavaleiros de Thelema/Sociedade Novo Aeon, 1995.)

Sites da Internet Consultados:

http://www.corax.com/tarot/cards/

http://thelema.org.br/

https://www.ocultura.org.br/

DICA DE LEITURA

DICA DE LEITURA

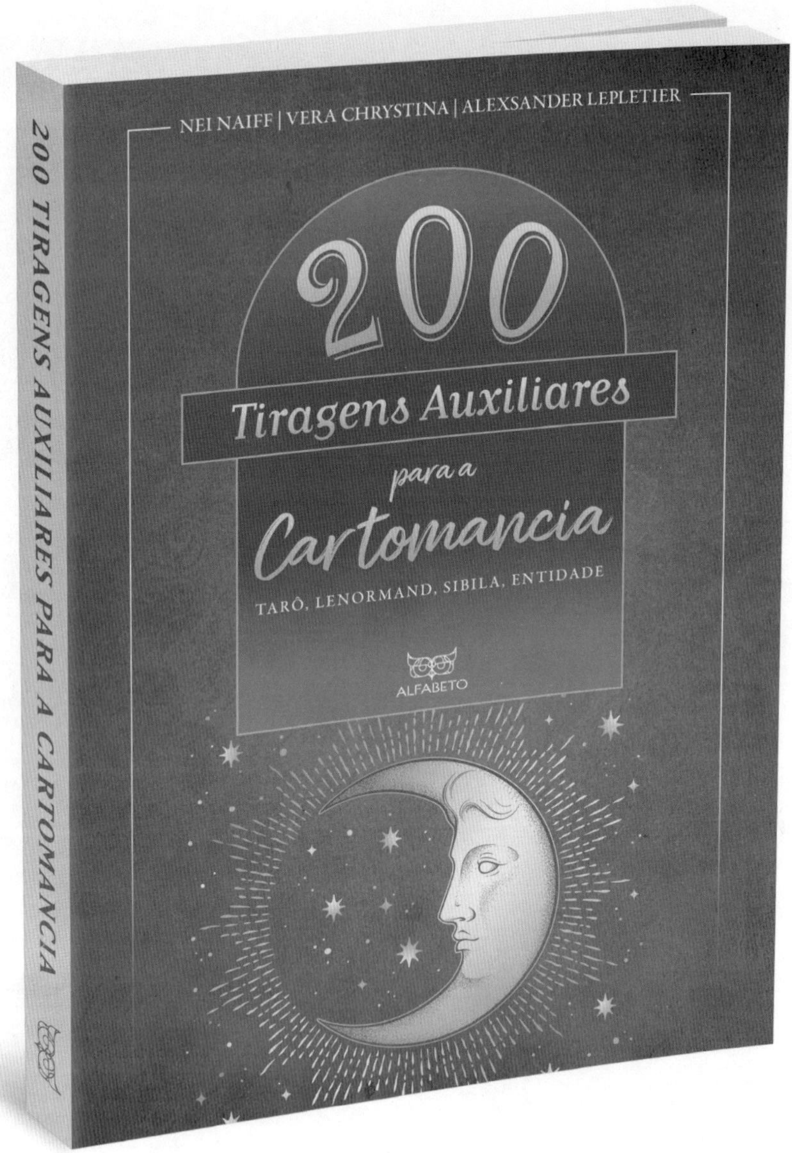